Chuck Spezzano:

Glücklichsein
ist die
beste Vergeltung

Die Kunst des Loslassens –
ein 30-Tage-Programm

vianova
Verlag Via Nova

Chuck Spezzano:

Glücklichsein ist die beste Vergeltung

Die Kunst des Loslassens – ein 30-Tage-Programm

vianova
Verlag Via Nova

Übersetzung aus dem Amerikanischen:
Dr. Margot Leite Amaral de Melo, Hohenpeißenberg

Originaltitel:
Happiness is the best revenge

2. Auflage 1999
Verlag Via Nova, Neißer Straße 9, 36100 Petersberg
Telefon und Fax: (0661) 62973
Satz: typo-service kliem, 97647 Neustädtles
Druck und Verarbeitung: Rindt-Druck, 36037 Fulda
Gestaltung des Buchtitels: Hans Dieter Bittner, 36093 Künzell
Buchbinderische Arbeiten: Keller, 36137 Kleinlüder

ISBN 3-928632-21-3

Inhaltsverzeichnis: Seite

Vorwort des Autors

Ich habe aufgehört zu zählen, wie oft mir der Gedanke gekommen ist: „Hätte ich das gewußt, als ich jung war". In den Jahren meines Alleinseins, durch meine Partnerschaften und meine Seminartätigkeit habe ich viele Prinzipien der Heilung kennengelernt. Ich habe während dieser Zeit, wenn ich oder andere litten, vor allem versucht, an den Kern des Problems heranzukommen, und nachgeforscht, wodurch es verursacht wurde und wie man es lösen kann. Die meisten Prinzipien habe ich gelernt, weil ich selbst unter dem Problem litt und dadurch herausgefunden habe, welche Lösungen bei mir funktionierten. Dann wendete ich sie in meiner therapeutischen Arbeit an und stellte fest, daß sie allgemein anwendbar sind. Daß ich diese Prinzipien selbst an mir gelernt und erprobt habe, ist der entscheidende Grund, weshalb die Menschen sich relativ schnell selbst heilen können. Diese Methoden wurden jahrelang in der praktischen Beratung erprobt und überprüft. Es handelt sich um Prinzipien, die sowohl mit dem bewußten Teil unseres Geistes als auch mit dem unbewußten arbeiten und die kulturübergreifend Gültigkeit haben. Ich habe sie in Asien, Nordamerika und Europa gleichermaßen erfolgreich angewendet.

Ich wünschte, ich hätte diese Methoden gekannt, als ich meine ersten Beziehungen hatte. Sie hätten mir viel Zeit, Kummer und Kopfschmerzen erspart. Bei meiner Arbeit in Japan habe ich jahrelang Geschichten von *Baca Sensei* erzählt. Das japanische Wort *Baca* bedeutet dumm oder töricht, und *Sensei* bedeutet Lehrer. *Baca Sensei* war derjenige, der alle Fehler selbst machen mußte, damit er imstande war, die Lektion zu lehren. Ich bin derjenige. Es ist verwunderlich, wie sehr die Menschen über meine besten Geschichten lachen und sich daran erfreuen können, obwohl sie für mich schrecklich waren, als sie geschahen.

Ich habe festgestellt, daß das Prinzip des Loslassens eines der entscheidenden Prinzipien im Leben allgemein und in Beziehungen im besonderen ist. Das war keine einfache Lektion für mich. Ich habe im Leben olympische Höhen im Festhalten erreicht. Ich stellte fest, daß meine südländische Herkunft das Problem verstärkte, denn ich neigte dazu, die Grenzen zu verwischen, und suchte in Beziehungen eine Art Verschmelzung.

Da ich diese wichtigen Lektionen gelernt habe, möchte ich sie mit dir teilen. Nach kurzer Zeit der Anwendung wirst du feststellen, daß die Prinzipien funktionieren, ob du daran glaubst oder nicht. Wenn du glaubst, alles zu wissen, was in diesem Buch dargestellt ist, dann wirst du es nicht benutzen. Mache also Gebrauch davon, auch wenn du nicht daran glaubst.

Nachforschungen zeigen, daß es im Leben eines *jeden* in der Regel eine Anzahl emotionaler Krisen gibt, die so ernst werden können, daß eine stationäre Behandlung notwendig wird. Das Erleiden eines Verlustes ist eine der häufigsten Ursachen dafür. Und obwohl dieses Buch vor allem geschrieben wurde, um mit dem Verlust einer Beziehung zurechtzukommen, können die Prinzipien und Übungen auch ohne weiteres herangezogen werden, um mit dem Verlust, den man durch den Tod eines lieben Menschen erleidet, oder mit dem Verlust des Arbeitsplatzes usw. fertig zu werden. Oft bekommen Menschen zu den Zeiten, wo es so wichtig wäre, einen Therapeuten, einen Ratgeber, einen Lehrer oder einen weisen Freund zur Seite zu haben, keine Hilfe, oder sie können sie sich nicht leisten. Dieses Buch will dieser weise Freund für diejenigen sein, die ihn brauchen, und will denen Hilfestellung geben, die professionelle Hilfe wirklich wollen, sie aber nicht finden können, oder die sie sich nicht leisten können. Das Buch ist auch für diejenigen Menschen gedacht, die mit ihren Schmerzen allein sind und auch allein damit fertig werden wollen.

Die Probleme, die aus der Unfähigkeit entstehen, wirklich loszulassen, können unter Umständen ein Leben lang andauern. Wenn dagegen die dargestellten Heilungsprinzipien angewendet werden, habe ich festgestellt, daß die Lösung eines Problems sehr schnell geschehen kann, sogar innerhalb von ein bis zwei Stunden. Vor etwa sechs Jahren schockierte es mich, als jemand mir von einem ausgezeichneten Therapeuten und Autor erzählte, der zwei bis drei Jahre als normale Dauer für die Heilung eines gegebenen Problems ansah. Es mag sein, daß es einige Probleme gibt, die so lange andauern; wenn jedoch die Arbeit mit dem Unterbewußtsein einbezogen wird, kann das den Prozeß der Heilung beträchtlich beschleunigen.

Wenn die Zeit reif ist, kann ein Problem in ein oder zwei Stunden gelöst werden. Ich habe beobachtet, daß chronische oder größere Probleme wie Krebs, Alkoholismus, die Unfähigkeit, Gefühle auszudrücken, schreckliche Alpträume, Borderline-Psychosen und selbst Allergien in einer Stunde aufgelöst wurden. Dieses Buch arbeitet mit einem 30-Tage-Programm; es ist jedoch möglich, die Heilung zu vollenden, wenn man irgendeine beliebige der Lektionen so gut lernt, daß der Rest der Lektionen, wenn auch hilfreich, so doch für den betreffenden Heilungsprozeß nicht mehr notwendig ist. Wenn das geschieht, empfehle ich dennoch, mit den Lektionen zum Zwecke der Selbsterziehung fortzufahren, um den Heilungsprozeß abzurunden und zu vervollständigen, damit für den Fall, daß weitere Probleme in tiefer gelegenen Schichten existieren, auch diese hochkommen und geheilt werden können.

Dieses Buch ist nicht religiös, basiert jedoch auf spirituellen Prinzipien. Über die Jahre habe ich herausgefunden, daß es eine gemeinsame Linie von höheren psychologischen und spirituellen Prinzipien gibt. Ich hoffe, daß dieses Buch genügend allgemein gehalten ist, daß du diese Prinzipien in deine eigenen religiösen und spirituellen Überzeugungen einordnen kannst. Wenn du einen solchen Hintergrund hast, kann dies den Heilungsprozeß beträchtlich unterstützen und beschleunigen.

Das Leben ist größer als jede Theorie. Und selbst Prinzipien, die auf jahrelangen eigenen Erfahrungen beruhen, sind nur so gut wie der Künstler/Autor/Wissenschaftler, der sie zu beschreiben versucht. Dieses Buch hat nicht die Absicht, alles, was es über das Verständnis und die Methoden des Loslassens zu sagen gibt, in die Darlegungen einzubeziehen. Es ist als Wegbegleiter gedacht, dich durch irgendeinen Heilungsprozeß oder einen Prozeß des Loslassens, durch den du gehst, zu führen. Möge dieses Buch wenigstens ein Schritt von den vielen Schritten des Wachstums sein, die du in deinem Leben unternimmst.

Einführung

Loslassen ist eines der bedeutenderen Prinzipien für Heilung, weil es kein Problem gibt, das nicht auf irgendeine Weise mit Festhalten oder Verhaftung zu tun hat. In den meisten Fällen geschieht diese Verhaftung unterbewußt; wenn wir in einer problematischen Situation jedoch aufmerksames Gewahrsein und Intuition mit einbeziehen, können wir alles, was verborgen ist, ans Licht bringen und mit unserem bewußten Verstand eine neue Entscheidung treffen. Die Fähigkeit, zu entscheiden und zwischen Möglichkeiten wählen zu können, kann als die größte Macht angesehen werden, die wir als Menschen haben. Die Verhaltensmuster unseres Lebens wurden in der Kindheit gebildet; sie können jedoch mit Mut, Bereitwilligkeit und Kreativität verändert werden. Um es mit einer Metapher auszudrücken: Diese Muster sind wie Software-Programme in einem Computer. Wir können sie nicht nur verändern, sondern wir können uns - durch die Macht unserer Wahl - auch weigern, sie zu benutzen.

Vor einigen Jahren entdeckte ich bei der Erforschung der Dynamik von Problemen, daß in jedem Problem drei Aspekte vorhanden sind. Das Problem kann durch Bearbeitung und Auflösung eines dieser drei Aspekte gelöst werden. In jedem Problem gibt es die Aspekte Groll, Festhalten und Täuschung. Jedes Problem enthält im Kern Groll über eine bestimmte Person. Dieser Groll kann bewußt oder unterbewußt sein. Durch Vergebung kann er aufgelöst werden.

Außerdem gibt es in jedem Problem eine Form von Verhaftung, deren Zweck darin besteht, ein unerfülltes Bedürfnis zu erfüllen. Dieses Bedürfnis stammt aus einem Verlust, den der Betreffende früher erlitten hat und über den er niemals hinweggekommen ist. Durch Festhalten unternimmt er den vergeblichen Versuch, diesen Verlust auszugleichen. Wenn er sich dieser Anhaftung bewußt wird und sie losläßt, führt das paradoxerweise zur Erfüllung des Bedürfnisses und damit zur Lösung des Problems. Der Groll, den er in der jetzigen schwierigen Situation über den oder die betreffenden Menschen hat, ist in der Regel der gleiche wie der Groll zur Zeit des Verlustes.

Mit dem Problem ist außerdem eine Täuschung oder eine Art Phantasie verbunden. Der Mensch versucht, eine Form des Glücks außerhalb seiner selbst zu finden. Es ist fast so, als ob der Betreffende eine Art Idol verehrt, was nur zu Enttäuschung und Desillusionierung führen kann, bis er erkennt, daß die Quelle der Freude aus dem Inneren kommt und eher das Ergebnis dessen ist, was er gibt, als die Folge von dem, was er bekommt.

Groll, Festhalten und Phantasien sind alles Fallen, die den Lebensfluß und die Entwicklung eines Menschen behindern. Beschwerden und Beurteilung verbergen Schuldgefühle, die wie Super-Klebstoff wirken, verbunden mit Gefühlen der Wertlosigkeit und des Opferseins. Verhaftung ist der Versuch, an jemandem oder an etwas festzuhalten, um den alten Verlust auszugleichen, wobei üblicherweise ein neuer Verlust erzeugt wird. Phantasie/Täuschung ist eine Form der Kompensation in der Gegenwart, um den alten Verlust wieder auszugleichen.

Wenn der alte Verlust losgelassen wird, wenn die gegenwärtige Verhaftung aufgelöst ist, wenn erkannt wird, daß die Phantasie keine Erfüllung bringt und aufgegeben wird, da sie in Wirklichkeit das tatsächliche Bedürfnis, dem sie zu Hilfe kommen wollte, vertuscht, dann können Gemeinschaft, Fähigkeit zu empfangen und Erfüllung in der Gegenwart stattfinden.

In den nächsten 30 Tagen wollen wir uns auf das Loslassen einer verlorengegangenen Liebe konzentrieren, wobei wir wissen, daß dieses Buch als Hilfe für die Heilung jedes Verlustes herangezogen werden kann. Wenn du deine Aufmerksamkeit auf einen größeren Verlust konzentrierst, wirst du feststellen, daß in dem Maße, in dem die Vergangenheit losgelassen wird, die Zukunft heller scheint. Du wirst außerdem erkennen, daß viele damit zusammenhängende Probleme ebenfalls beginnen, sich von selbst aufzulösen, und daß eine neue Bedeutung und ein neuer Sinn für das Leben zum Vorschein kommen.

In einer Welt von

In einer Welt von Fehlern
gibt es nur Lektionen.
In einer Welt von Enttäuschung
erwartet man mehr, als man anderen je geben kann.
In einer Welt der Psychologie
gibt es nur Probleme,
und jeder versucht, alleine damit fertig zu werden.
In einer Welt des Verlusts
gibt es nur dein Herz,
vom Feuer des Lebens gereinigt, das Leben wählend
und das Lächeln der andern lächelnd ...
oder es gibt Tod,
den langen oder kurzen des Festhaltens.
In der Welt der Freundschaft
gibt es nur Brücken.
In der Welt der Gnade
senkt sich der Segen den ganzen Tag bis in die Nacht hinein herab
und bringt in eine Welt der Schönheit
das, was nur Licht ist.
In der Welt zwischen uns
bleibt die Gelegenheit der Erinnerung
an die lebenslange Leidenschaft der Freundschaft,
an versprochene Ziele
und alte Verbindungen.

1. Glücklichsein ist eine Wahl

Stellen wir uns der Tatsache, daß es viele Gründe gibt, unglücklich zu sein, und der Gründe sind so viele, daß das ein Leben lang so bleiben kann. Auf der anderen Seite hängt die Erfahrung, die du im Leben machst, weitgehend von deiner inneren Einstellung ab und von dem, was du letztlich willst. Dies trifft auch darauf zu, wie du mit einem Verlust umgehst. Letzten Endes wählst du selbst, was geschehen wird und wie dies schließlich dein Leben beeinflussen wird. „Das, was dich nicht umbringt, macht dich stärker". Und so triffst du letztlich die Wahl, welche Bedeutung die Erfahrung für dich haben wird.

Ich habe viele Jahre in einem Bereich gearbeitet, in dem ich Menschen helfen konnte, an die tiefsten Wurzeln ihrer Probleme zu gelangen. Dabei stieß ich immer wieder an Ebenen des Denkens und Fühlens, wo Menschen sich vor Glück fürchteten, vor Liebe fürchteten und vor Gott fürchteten. Sie fürchteten sich schlichtweg davor, dies alles zu haben. In gleicher Weise kam bei anderen Gelegenheiten, unter vielschichtiger Dynamik und vielerlei Thematik, zum Vorschein, daß Menschen sich im Wettstreit mit Gott befanden, und die einzige Möglichkeit, sich an Gott zu rächen oder zu beweisen, daß Gott unrecht hat, bestand darin, zu leiden oder tragische Probleme zu haben. Diese Menschen hatten eine Verschwörung gegen sich selbst geschaffen, gegen ihre eigene Größe und gegen ihre wahren Ziele. Dies war Teil ihrer Verschwörung gegen Gott. Wenn sie dann zu dieser Verständnisebene vorgedrungen waren, konnten sie erkennen, daß es lediglich darum ging, eine andere Wahl zu treffen, die Entscheidung zu treffen, das zu wählen, was sie wirklich wollten. Was sie bis dahin gewählt hatten, daraus konnte weder für sie noch für sonst irgend jemand jemals etwas werden, was glücklich machte.

Was soll bei diesem Verlust, den du erlitten hast, geschehen? Was soll das abschließende Ergebnis von all dem sein? Möchtest du, daß dies dein Ende ist oder der Beginn einer völlig neuen Bewußtseinsebene? Möchtest du, daß dein Leben hier aufhört, oder möchtest du die darin enthaltene Lektion lernen und dadurch erfolgreicher und liebevoller werden? Möchtest du, daß deine Schmerzen zu einem Denkmal für die verlorengegangene Beziehung werden? Oder möchtest du die Liebe wirklich empfangen, die dir gegeben wurde, und möchtest du, daß Glücklichsein zu deinem Lebensstil wird? Wird dies ein Problem sein, über das du niemals hinwegkommen wirst, oder wird es ein Mittel sein, dich auf eine völlig neue Beziehungsebene zu erheben? Was hast du gewählt? Was möchtest du jetzt wählen? Möchtest du für den Rest deines Lebens mit einem langen Gesicht herumlaufen und feststellen: „Ich bin so, weil dieser Mensch so mit mir umgegangen ist? Es ist seine Schuld, daß ich zerbrochen bin?“ Dies ist im Grunde deine Vergeltung – in deinen Gefühlen verwundet zu bleiben und festzustellen, daß der andere kein guter Mensch sein kann, wenn er dich so verzweifelt zurückgelassen hat. Willst du dich wirklich selbst verletzen, um dich zu rächen? Wäre es nicht in jeder Beziehung wirkungsvoller, statt dessen zu wählen, glücklich zu sein?

Um glücklich zu sein, braucht man nicht notwendigerweise einen Grund. Es ist eine Entscheidung, die wir ständig treffen. Wenn du dich unglücklich fühlst und dabei in die Tiefen deines Unterbewußtseins eintauchen könntest, würdest du feststellen, daß dein gegenwärtiges Gefühl des Unglücklichseins etwas ist, von dem du glaubtest, daß es dich glücklich machen würde. Es ist offensichtlich, daß es sich bei diesem Glauben um einen Fehler handelt. Im konkreten Fall ist es nicht notwendig, das Unterbewußte zu erforschen, aber es ist notwendig, wieder die Wahl zu treffen, glücklich zu sein, und zwar jeden Augenblick, wenn es erforderlich ist. Du kannst dich entscheiden, glücklich zu sein, ohne einen Grund zu haben. Du kannst Glücklichsein anstelle von allem anderen wählen. Du kannst dich in einem Trauer- oder Heilungsprozeß befinden und dennoch genau jetzt wählen, glücklich zu sein. Was willst du wirklich? Wenn du keine Wahl triffst, bist du von deinen Stimmungen oder früheren fehlerhaften Entscheidungen abhängig. Du kannst dich noch einmal entscheiden. Zwischen Alternativen wählen zu können, ist deine größte Macht. Niemand kann dir die Macht deiner Wahl wegnehmen, vor allem nicht die, wie du eine Sache betrachten kannst. Das Wissen um diese Macht verleiht dir eine gewisse Stärke und gibt dir einen gewissen Abstand gegenüber dem, was du gerade erlitten hast. Du kannst jeden Augenblick eine andere Entscheidung treffen in bezug auf das, was du gerade jetzt erfährst und welche Haltung du gegenüber dem Verlust selbst einnehmen willst.

Übung

1. Denke darüber nach, wie deine Trauer über eine verlorengegangene Beziehung oder das Loslassen dieser Beziehung verläuft. Falls es nicht gut abläuft, frage dich, welchem Zweck es dient, wenn es so ist. Wenn du deine Antwort bekommst, kannst du dich nach dem Zweck dessen fragen, was du herausgefunden hast und so weiter, bis du anfängst, einige deiner bewußten und unterbewußten Gründe für diesen Zustand zu verstehen, warum es so läuft, wie es derzeit ist. Was willst du wirklich? Du könntest statt dessen wählen, glücklich zu sein!

2. Frage dich, was du zu beweisen versuchst, indem du zuläßt, daß sich der Prozeß des Loslassens so entfaltet, wie er es tut. Wenn du deine Antwort bekommst, frage dich, was du dadurch zu beweisen versuchst. Und so weiter.

Vergiß nicht, was auch immer du zu beweisen versuchst, glaubst du in Wirklichkeit nicht, denn wozu müßtest du es sonst beweisen? Untersuche deine Antwort noch einmal. Dieses Mal, indem du danach Ausschau hältst, was du verbirgst. Hier ist ein gängiges Beispiel: Ein Mensch, der sich immer in Beziehungen aufopfert oder zum Märtyrer macht, versucht zu beweisen, wie gut er ist. Er versucht zu beweisen, wie gut er ist, weil er sich in Wirklichkeit als schlecht oder böse ansieht. Da er glaubt, daß er im Grunde schlecht ist (sei es bewußt oder nicht), erlaubt er sich in Wirklichkeit nicht, viel für das, was er gibt, oder für seine Arbeit zu empfangen. Aber dann versucht er, auch dieses Gefühl, schlecht zu sein, zu beweisen. Naturgemäß gibt es bestimmte Erfahrungen im Leben und gewisse Glaubenssätze, die dieses Gefühl unterstützen. Aber diese dienen lediglich dazu, zu verbergen, wie gut der Betreffende in Wahrheit ist; diese Güte ist tatsächlich die unterste Schicht.

Was immer du zu beweisen versuchst, lohnt es sich, so viel Energie aufzuwenden, um etwas, was du nicht völlig glaubst und wofür du in Wirklichkeit nichts empfängst, zu beweisen? Du kannst jetzt eine andere Entscheidung treffen. Was willst du? Willst du weiterhin Energie verschwenden? Oder willst du die Wahl treffen, glücklich zu sein?

3. Dein Trauerprozeß kann den Rest deines Lebens andauern und niemals abgeschlossen werden oder er kann die nächste Minute beanspruchen und dann wahrhaft zu Ende sein. Welche Wahl willst du in bezug auf seine Dauer treffen? Wie wirst du dich fühlen, wenn er abgeschlossen ist?

4. Was glaubst du in bezug auf Glücklichsein? Stelle dir diese Frage und schaue dir an, was in dein Bewußtsein kommt.

Glücklichsein ist ...
Glücklichsein ist ...
Glücklichsein ist ...
Glücklichsein ist ...
Glücklichsein ist ...

Glaubenssätze sind festgelegte Überzeugungen, die in der Regel von Entscheidungen aus der Vergangenheit und von schmerzlichen Situationen herrühren. Woher stammen diese Glaubenssätze über Glücklichsein? Ein Glaubenssatz ist leicht zu heilen, indem du – sobald du ihn findest – eine andere Wahl mit der ganzen Kraft deines bewußten Geistes triffst, statt Glaubenssätze in Form festgelegter und mit Vorurteilen behafteter Erfahrungen in dir zu tragen.

2. *Die Geschichte deines Lebens*

Menschen sind Geschöpfe, die Geschichten erzählen. Auf der tiefsten Ebene des Denkwesens gibt es nur Energie, und dann beginnt die Differenzierung in Symbole, Archetypen und Geschichten. *Du* erzählst eine bestimmte Geschichte über dein Leben. Und *du* erzählst sie mit einer bestimmten *Absicht.* Es werden dadurch deine ursprünglichen Lebensmuster gebildet. Diese sind grundlegender als Familienmuster und erzeugen dieselben. Da Beziehungs- und Opfermuster durch die Familienmuster erzeugt werden, hat der rote Faden unserer Geschichte einen starken Fortpflanzungseffekt in unserem Leben.

Die Lebensgeschichte, die du erzählst, so wie du lebst, kann eine Liebesgeschichte, ein Heldenabenteuer, eine Tragödie, eine Seifenoper, eine Farce, ein Märchen, ein Drama, ein Mysterium, eine Horrorgeschichte usw. sein. Die Geschichte deines Lebens kann so langweilig sein, daß du einschlafen oder bei der Hälfte herausgehen würdest, wenn es sich um einen Kinofilm handeln würde. Wenn du darüber nachdenkst, was du ständig deinen Freunden, Verwandten und Arbeitskollegen über dein Leben erzählst, kannst du ein Gefühl dafür bekommen, um was für einen Film es sich handelt, den du im Leben spielst. In welches Muster passen die Geschichten, die du erzählst, am besten? Frage dich, wie dein Film heißen könnte? Hat er Ähnlichkeit mit „Wider Erwarten", „Dornröschen", „Die großartigste Geschichte, die jemals erzählt wurde", „Auf der Überholspur leben", „Leerlauf", „Romeo und Julia" oder „Alptraum in der Ulmenstraße"?

Wenn du eine Weile nachgeforscht hast, zu welcher Kategorie deine Geschichte gehört, frage dich, ob du diese Art von Lebensgeschichte deinem besten Freund, deinen Kindern oder dem Menschen, den du am meisten liebst, zu leben zumuten würdest. Handelt es sich um eine Art von Geschichte, die so brutal ist, daß du dafür eingesperrt oder angeklagt werden würdest, wenn du sie einem anderen Menschen aufdrängen würdest?

Falls das der Fall ist, welchen Grund gibt es dann, daß du sie dir selbst aufdrängst?

Überlege nun, wie dein Verlust in deine Geschichte hineinpaßt. Ist es eine Nebensache? Ist es lediglich ein Schritt auf dem Weg zum anschließenden Erfolg? Ist er eine weitere Tragödie in einer langen tragischen Geschichte? Ist es der Wendepunkt in der Geschichte? Was geschieht danach? Ist es der Höhepunkt oder lediglich die Eröffnungshandlung? Dieser zuletzt erlittene Verlust ist ein Kapitel in deiner Geschichte. Wie wird das nächste Kapitel aussehen? Wie sieht die Fortsetzung dieser Geschichte aus?

Übung

1. a) Wenn dein Leben ein Film wäre, wie hieße der Titel?

b) Was für eine Geschichte würde der Film erzählen?

c) Nimm ein Blatt und schreibe in einer Art „Bewußtseinsstrom“, d. h., indem du deine Ideen aus dem Unterbewußten hochsteigen läßt, ohne sie zu filtern und zu bewerten, die Geschichte, so schnell es geht, auf, oder benutze einen Kassettenrecorder und sprich die Geschichte darauf.

d) Vergleiche die Geschichte, die sich in deinem Leben entfaltet, mit der Geschichte, die du über deinen Film geschrieben hast. Welches sind die Ähnlichkeiten? Wie kommt das Muster deines Filmes in deinem Leben zum Ausdruck (deine Geschichte legt dein Lebens- und Erfahrungsmuster fest)?

2. a) Was ist der Zweck, eine Lebensgeschichte dieser Art zu schreiben? Und was ist die Absicht dieses Zweckes? usw., usw.?

b) Was versuchst du durch diese Geschichte zu beweisen? Wenn du den Grund gefunden hast, frage dich, was du dann zu beweisen versuchtest, usw., usw. Denk daran, daß das, was du zu beweisen versuchst, was immer es auch sein mag, lediglich bestimmte Selbstkonzepte oder Persönlichkeitsaspekte unterstützt. Diese verbrauchen eine Menge Energie, aber lassen nicht zu, daß du empfängst. Was du zu beweisen versuchst, glaubst du selbst nicht so ganz. Der Versuch, etwas zu beweisen, ist eine Form der Kompensation, die dich in gewissen Handlungsmustern gefangenhält, für die du nicht die Belohnung empfängst. In Wirklichkeit glaubst du das Gegenteil dessen, was du zu beweisen versuchst. Das erzeugt eine Menge unnützer Anstrengungen und dient letztlich nur dazu, Gefühle der Wertlosigkeit zu verbergen. Wenn wir uns wertlos fühlen, möchten wir am liebsten sterben. So versuchen wir, Dinge zu bekommen, die wir für wertvoll halten, oder Dinge zu tun, die uns Wert verleihen. Ein einfacher Weg, sich über dieses tödliche Gefühl zu erheben, besteht darin, daß du einen Augenblick still bist und deine Höhere Macht fragst, was dein Wert ist. Die Worte, die dir in den Sinn kommen, werden dir Gnade bringen, so daß du deinen Wert erfahren kannst.

3. An wem mußt du durch eine Lebensgeschichte, wie du sie hast, Vergeltung üben? Vergeltung ist eine Form, sich selbst zu verletzen, um dadurch jemand anderen zu treffen. Zum Beispiel ist Liebeskummer eine Form der Vergeltung, bei der wir versuchen, unseren Partner emotional zu erpressen und den Machtkampf fortzusetzen. Vergeltung versucht, es ihm und anderen wichtigen Menschen der Vergangenheit heimzuzahlen. Welche Menschen sind das, und was ist der Grund, daß du dich selbst verletzt, um sie zu treffen?

4. a) Gestern hast du untersucht, was der Zweck deiner Lebensgeschichte ist und was du durch den Lernprozeß, so wie er verläuft, zu beweisen versuchst. Untersuche jetzt die gleichen Fragen in bezug auf die Erfahrung deines derzeitigen Verlustes. Was ist der Zweck dieses Verlustes? Denke darüber nach und verfolge ihn so weit, wie du kannst, wie du es gestern getan hast, z. B. was ist der Zweck dieses Zweckes? Tue dies, bis du zu einem Verständnis darüber gelangt bist, was sich abgespielt hat.

b) Was versuchst du durch diesen Verlust zu beweisen? Denke darüber nach und verfolge die Ursachen so weit wie möglich. Wenn du die Antworten in deinen Sinn „springen" läßt, ist das der wahrhaftigste und leichteste Weg, diese Übung zu machen. Die Antwort vermuten oder meditativ bei der Frage verweilen kann auch hilfreich sein.

c) An wem versuchst du durch diesen Verlust Vergeltung zu üben, und warum? Denke daran, daß sowohl ein Mensch aus der Gegenwart als auch aus der Vergangenheit davon betroffen sein kann.

5. Wenn du dann alle diese Muster ans Licht gebracht hast, kannst du entscheiden, was du jetzt willst. Welche Art von Lebensgeschichte willst du? Und wie wird sie sich entfalten und wie wird sie schließlich enden? Was soll der jetzige Verlust darin für eine Rolle spielen? Wird er ein neuer Beginn oder ein Wendepunkt zu einer positiven Richtung sein? Was willst du wirklich? Entscheide dich noch einmal!

3. Die wahre Bedeutung von Verlust und Loslassen

Dieser Abschnitt ist speziell für das Loslassen in Beziehungen geschrieben. Es gibt jedoch bestimmte Aspekte, die auch auf andere Verlustformen angewendet werden können.

Es gibt bestimmte Prinzipien des Loslassens, die ich herausgefunden habe, während ich mit Menschen arbeitete. Das erste ist, daß ein Trauerprozeß eine Minute, ein Jahr oder ein Leben lang dauern kann. Wie lange er dauert, hängt nicht von äußeren Umständen ab. Wie lange er dauert, hängt von dir ab. Wie schnell oder wie langsam der Prozeß verläuft, hängt nur von dir ab. Es ist dein Recht zu entscheiden, wie lange der Trauerprozeß dauert, weil es sich um deine Erfahrung und deinen Verlust handelt. Ich habe Menschen erlebt, die sich entschieden hatten, den Trauerprozeß in einer Minute abzuschließen. Es war eine wunderschöne und mutige Minute, an deren Ende sie bereit waren, ihr Leben weiter zu leben, nachdem sie die Erfahrung dieser gescheiterten Beziehung integriert hatten.

Ich habe auch Menschen erlebt, die sich weigerten loszulassen, die sich gegen die Gegenwart auflehnten und die Zukunft haßten und lediglich den Wunsch hatten, daß es wieder so sein möge, wie es war. Ärgerlich über das Leben und über denjenigen, der sie verlassen hatte, und letztlich auch über sich selbst, waren sie vom Leben abgeschnitten und von dem, was es ihnen gegenwärtig anzubieten hatte.

Loslassen kann Monate und selbst Jahre dauern. Während dieser Zeit fühlst du dich niedergeschlagen, entnervt, melancholisch, traurig, und spürst nichts von deinem üblichen attraktiven Selbst. Zu solchen Zeiten ist die Beziehung zu deinem ehemaligen Partner noch sehr intensiv, und du bist demnach für niemand anderen offen. Manchmal schlägst du aus Groll oder Pein die Tür zu Beziehungen zu, und es sieht so aus, als ob niemand in deinem Leben erscheinen würde, bis du dir bewußt gemacht hast, was geschehen ist, und du entscheidest, sie wieder zu öffnen.

Eines der größten Geheimnisse von Menschen, die sich nicht binden wollen, ist, daß sie noch immer an jemandem aus der Vergangenheit hängen. Da sie einen solch großen Verlust erlitten haben, bleiben sie lieber allein, damit sie nicht noch einmal so sehr leiden müssen.

Es sieht so aus, als ob Loslassen nach der Lektion der Vergebung die Lektion ist, die am schwierigsten zu lernen ist. Loslassen scheint zuviel Ähnlichkeit mit Verlieren zu haben. Loslassen scheint wie das Ende von etwas Gutem zu sein ohne irgendeine künftige Aussicht auf Glück. Manchmal hat derjenige, der einen Verlust erlitten hat, das Gefühl, als ob Loslassen und Weitergehen ein Akt fehlender Loyalität dem verlorenen Menschen gegenüber, oder ein Akt fehlender Loyalität gegenüber ihrer Liebe sei. Diese Art der Loyalität basiert jedoch auf einer Rolle - einer Regel, die der Betreffende aufgrund eines Selbstkonzepts, das er von sich hat oder aufgrund einer Vorstellung darüber, wie ihre Liebe auszusehen hat, aufgestellt hat. Dies ist in Wirklichkeit ein falsches Verständnis von Loyalität sich selbst und anderen gegenüber. Es entsteht aufgrund von Aufopferung, die eine Form falsch verstandener Liebe ist. Es entsteht aus einer Vorstellung, einer Idee statt aus der Realität der Situation.

Das wirkungsvollste Prinzip des Loslassens, das ich gefunden habe, ist dieses: Wenn du losläßt, wird etwas Besseres auf dich zukommen, um den Platz dessen, was du verloren hast, einzunehmen. Dieses Prinzip umfaßt gleichermaßen Menschen und Situationen. Es ist sicherlich paradox, daß dann, wenn wir scheinbar verlieren und den Verlust akzeptieren, etwas viel Größeres auf uns zukommt, um seinen Platz einzunehmen. Wenn die Abhängigkeit oder Phantasie losgelassen wurde, ergibt sich eine Leere, die nun gefüllt werden kann. Es gibt Raum für neues Leben. Die Natur verabscheut ein Vakuum.

Loslassen bedeutet nicht Wegwerfen. Es heißt, die Dinge in die rechte Perspektive rücken. Es heißt nicht, sich mit dem durch den

Verlust bedingten Gefühl abzufinden oder einen Kompromiß zu schließen. Es bedeutet annehmen, sich mit dem Fluß des Lebens weiterbewegen, nicht zu versuchen, das Leben in Bahnen zu lenken, die du für richtig hältst. So gesehen erzeugt Loslassen neues Leben und ist in Wirklichkeit eine der einfachsten Formen des Wachsens. Du läßt einfach die Vergangenheit los und lebst in der Gegenwart, willens, mit deinem Leben weiterzumachen. Es ist die Bereitwilligkeit, den Ruf des Lebens zu hören und darauf zu antworten. Um es in einer Metapher auszudrücken: Festhalten gleicht einem völlig verschmutzten Pult, voller Ordner, mit alten Akten vollgestopft und überladen, mit alter Korrespondenz und Papierstücken. Dies verhindert effiziente, wirkungsvolle Arbeit, und viel Zeit geht mit Suchen von verlorenem und verlegtem Material verloren. Loslassen ist so, wie den besten Sekretär der Welt zu haben. Alles ist geordnet an seinem richtigen Platz und kann sofort für die anstehende Arbeit hervorgezogen werden.

Es gibt drei Formen von nicht authentischer oder unvollständiger Trauer: Das sind Abhängigkeit, Unabhängigkeit und „Retten". Abhängigkeit ist gleich Bedürftigkeit. Dabei sieht es so aus, als ob der Betreffende unter dem Verlust leidet, aber die Betonung liegt eher auf dem Leiden selbst als darauf, *hindurch zu kommen.* Es ist eher ein Versuch, Aufmerksamkeit zu erhalten und zu nehmen, statt durch den Trauerprozeß zu gehen. Abhängigkeit erlaubt nicht, wirklich zu empfangen, obwohl es so aussieht, als ob der Betreffende unbedingt auf Unterstützung aus ist.

Unabhängigkeit ist eine Form der Trennung, die täuscht, daß der Verlust dir nichts ausmacht oder daß du dir keine Gedanken darüber machst. Durch Unabhängigkeit versuchst du, dich vor dem Leid, das mit dem Verlust einhergeht, zu schützen, indem du Mauern gegenüber dem Fühlen und vor Nähe aufbaust. Dabei versuchst du, die Kontrolle zu behalten, weil du dich fürchtest, ein Risiko einzugehen und Kontakt aufzunehmen. Unabhängigkeit verbirgt lediglich das Leid und den Verlust, der nicht betrauert wurde.

Der „Retter“ oder der unwahre Helfer ist derjenige, der sein eigenes Leid verleugnet, um anderen zu helfen. Dies ist die Karikatur einer Führungsqualität. Ein wirklicher „Führer“ würde nicht das eigene Leid verleugnen, indem er sich anderen zuwendet, sondern er wendet sich durch das eigene Leid hindurch anderen zu und bewertet die Antwort des anderen als Hilferuf. Auf diese Weise wird der eigene Trauerprozeß durch tätige Nächstenliebe beschleunigt und findet sein Ende. „Retten“ dagegen ist eine Form der Aufopferung, die eine Art Verschmelzung mit dem anderen mit sich bringt und Fortschritt verhindert. Wer diese Haltung einnimmt, versucht zwar zu helfen, wobei er aber heimlich die Bedürftigkeit verstärkt, da er weiß, daß dann, wenn es demjenigen, dem geholfen wurde, besser geht, er, der Helfer, aufgerufen ist, loszulassen und sich zu verändern. Der unwahre Helfer ist ein verwundeter Heiler, der - indem er eine Rolle spielt - „ein Gebender ist, der die Bedürftigkeit nährt“, um T. S. Eliots Worte zu benutzen.

Verlust ist ein Ereignis der Vergangenheit, das uns von dem, was wir liebten, getrennt hat und das uns dadurch vom Leben selbst zu trennen scheint. Verlust bedeutet, daß entweder eine Verbindung zerbrochen oder eine liebgewonnene Täuschung verlorenging. Aber unabhängig davon, ob es sich bei dem Verlust um den Verlust von Liebe oder von anhaltender Abhängigkeit, was eine falsche Form der Liebe ist, handelt - die Heilung geschieht immer durch Loslassen. Loslassen ermöglicht es uns wieder, auf dem Weg des Lebens voranzuschreiten. Durch Loslassen wird eine Bindung, die zerbrochen ist, auf einer höheren Ebene wieder hergestellt, und das Vertrauen und die Fähigkeit zu lieben werden gesteigert. Beim Loslassen wird die Täuschung durch etwas Authentischeres ersetzt, und der Götze, nach dem im Äußeren als Quelle des Glücks gesucht wurde, ist nun durch etwas im Inneren ersetzt worden. Dies baut Vertrauen auf, erlaubt eine größere Fähigkeit zu empfangen und mehr Erfolg und macht zwischenmenschliche Beziehungen authentischer. Dabei entsteht weniger Abhängigkeit und weniger Vampirismus.

Mein erster Verlust, an dem ich mich bewußt erinnere, geschah in meiner Kindheit, als ich meine Lieblingsente in der ersten Klasse verlor. Ich war so niedergeschlagen, daß ich jedwedes Interesse an der Schule und den meisten anderen Dingen verlor. Ich erinnere mich, daß ich der Meinung war, daß ich das Leben nicht leben wollte, wenn so etwas das Leben ausmache. Wenn ich ohne meine Ente durchs Leben gehen müßte, dann wollte ich überhaupt nicht leben. Es war natürlich nicht nur der Verlust meiner Ente, unter dem ich litt, aber es war die Tatsache dieses Verlustes selbst, deren ich mir bewußt war. Jeder Verlust wird eine Türe öffnen, durch die alle Verluste, um die wir nicht getrauert haben, entweichen können. Dies wurde mir in lebhafter Weise bei meiner Beziehung zu einer meiner ersten Freundinnen nahegebracht. Es geschah am selben Tag, an dem ich eine mögliche Beförderung an meinen stärksten Konkurrenten verlor. Dies tat wirklich weh! Aber nach einigen Stunden entschied ich, über meinen Verlust zu lachen und dem Tod ins Gesicht zu spucken. Ich rief meine Freundin an, um sie zum Essen einzuladen, damit wir meinen Verlust feiern konnten. Es lief alles ganz gut, bis sie mir etwa nach der Hälfte des Abends mitteilte, daß an diesem Abend ein Mann, den sie auf einer Geschäftsreise am Wochenende kennengelernt habe, mit dem Bus anreise und bei ihr übernachten würde. Obwohl es in unserer Beziehung erlaubt war, sich mit anderen zu treffen, sah es diesmal so aus, als ob ich an einem einzigen Tag eine Menge verloren hätte. Die nächsten vier Tage wachte ich jeden Morgen um vier Uhr früh auf und fühlte mich niedergeschlagen und voller Schmerzen über den Verlust.

Wer mir schließlich aus dieser akuten Situation half, war einer meiner besten Freunde, ein Marinefeldwebel. Er wußte über Verlust Bescheid. Als er in Vietnam diente, war er der einzige seiner Kompanie gewesen, der einen Angriff des Vietkong überlebte. Er kam Tage nach dem Angriff aus dem Gelände heraus, als jeder der Meinung war, daß niemand überlebt hätte. Er war benommen und stand unter Schock. Er wurde ins Krankenhaus eingeliefert und blieb tagelang in diesem Zustand, wobei er ins Leere starrte, während er im Bett lag oder auf einem Stuhl saß. Sein Zustand schien sich nicht zu bessern, bis er sich von seinem Bett erhob und begann, die Flure des Krankenhauses entlangzuwandern. Erst da konnte er endlich die Qual und den Schrei nach all seinen verlorenen Freunden fühlen. Nachdem die Schmerzen nachgelassen hatten, mußte er mit den Schuldgefühlen fertig werden, daß er der einzige Überlebende war, während so viele seiner Freunde umgekommen waren. Während er umherging, war er in der Lage, letztlich auch die Schuldgefühle aufzulösen. Tatsächlich kehrte er ins Leben zurück, und allmählich hatte er wieder den Willen zu leben. Was er mir empfahl, war, daß ich umhergehen solle und dadurch in die Lage versetzt würde, meine Gefühle zu spüren. So ging ich in meinem kleinen Häuschen umher, und tatsächlich begann der Schmerz aufzusteigen und kam hervor. Aber nachdem ich drei Tage jeden morgen früh umhergegangen war, tauchte nach zehn Minuten des Umhergehens anstelle des Gefühls über den Verlust meiner Freundin eine lebhafte Vorstellung vor meinem inneren Auge auf, bei der ich zwei Jahre alt war, in meinem Bettchen stand, mich festhielt und nach meiner Mutter weinte. Diese Schmerzen hielten für etwa weitere zehn Minuten an. Dabei war es diese kurze Zeitspanne der Trauer, die das aufzulösen begann, was mich dann tatsächlich aus meiner Depression holte und auf die nächste Ebene meines Lebens beförderte. Es gibt viele Stufen in diesem Prozeß des Loslassens.

Nach etwa einem Jahr erhielt ich dann die Beförderung, die ich mir so sehr gewünscht hatte. Wenn ich auf dieses Ereignis zurückschaue, erkenne ich, wie wichtig es damals für mich gewesen war, die Beförderung nicht zu bekommen. Dies zwang mich dazu, für ein weiteres Jahr lang täglich ein bis drei Therapiegruppen durchzuführen. Während dieser Zeit lernte ich Lektionen von unschätzbarem Wert über Gruppenprozesse, alles Aspekte, die in keinem der vielen Bücher, die ich studiert hatte, beschrieben waren.

Als ich begann, meine ehemalige Freundin loszulassen, zog der junge Mann, mit dem sie zusammenwohnte, aus, und wir trafen uns wieder öfter, obwohl es offensichtlich war, daß wir uns langsam voneinander entfernten. In jenem Jahr ging ich durch viele Stufen in meinem Prozeß des Loslassens, aber es dauerte etwa noch ein Jahr, bis ich offen genug war, um jemanden zu treffen, der mein Leben veränderte. Das qualitative Niveau meiner Beziehungen hatte einen gewaltigen Sprung nach vorne gemacht.

Übung

1. Verbringe heute etwa zehn Minuten damit, über das Prinzip nachzudenken, daß dann, wenn du etwas losläßt, etwas Besseres auf dich zukommt, um seinen Platz einzunehmen.

2. Wenn du heute bereit bist, nimm dir Zeit, um dich mit dem zu beschäftigen, was dich an deine Beziehungen erinnert ... Briefe, Kleidungsstücke, Fotos oder was sonst auch immer du ausmisten solltest. Bringe alles in Ordnung und erlaube dir, die Dinge der gegenwärtigen Perspektive entsprechend zu behandeln. Während du aufräumst und aussortierst, spüre nach, was du fühlst; du wirst die Vergangenheit loslassen und mehr in die Gegenwart kommen.

4. Die Schritte zum Loslassen

In der Regel beginnt jeder Verlust mit einem Gefühl des Schocks und mit Schmerzen, da Bindungen oder Abhängigkeiten zerbrechen. Wenn der Verlust akzeptiert wird, gibt es eine Bewegung in die Trauer hinein. Wenn der Verlust nicht akzeptiert wird, entstehen auf der Gefühlsebene Schmerz und Trauer gleichzeitig. Mit einem Verlust sind immer schlechte Gefühle verbunden, es sei denn, der Prozeß des Loslassens beginnt sofort. In dem Falle stellen sich dann schmerzliche Erinnerungen oder „süßer Schmerz" ein und schließlich Frieden. Das schlechte Gefühl ist ein Aspekt von Schuld, und es resultiert aus dem „Sich-Zurückziehen" oder dem „Sich-in-sich-Zusammenziehen", das mit jeder schmerzlichen Erfahrung einhergeht. In der Regel entstehen zu diesem Zeitpunkt und von Zeit zu Zeit auch Gefühle des Bedauerns und der Schuld, verbunden mit dem Wunsch, daß wir die Dinge anders oder besser angegangen wären, damit der Betreffende noch immer mit uns zusammen wäre.

Wenn der Prozeß des Loslassens sich fortsetzt, kommen wir entsprechend dem Grad der Abhängigkeit in der Liebe oder der Verhaftung an Schichten von Traurigkeit/Furcht/Bedürftigkeit, an Gefühle der Verlassenheit im Zusammenhang mit Verletzungen, an Gefühle des Bedauerns und der Schuld, je nach dem, was der Heilung bedarf. In der Regel folgt dem Verlust von Liebe ein natürlicher und einfacher Verlauf der Trauer und des Loslassens. Wohingegen der Grad der Verhaftung, der Bedürftigkeit und der Abhängigkeit eine größere Vorliebe zum Festhalten mit sich bringt.

Mit Festhalten geht eine Verwirrung in bezug auf die vielen Gefühle, die beteiligt sind, einher, und dies führt zur Depression - zur Weigerung, über einen bestimmten Verlust hinwegzukommen. Zu diesen Emotionen kann Ärger kommen, der einen vergeblichen Versuch darstellt, den anderen zu kontrollieren, oder der bei dem Versuch, sich gegen Trauer/Verletzungen/Zurückweisung und Schuld zu verteidigen und zu schützen, eine Reaktion auf Schmerzen sein kann.

Nachdem ich mit vielen Klienten gearbeitet habe, die sich mitten in einer Situation befanden, die ihnen das Gefühl vermittelte, daß ihnen das Herz zerbrach, weil ihr Partner sie verlassen hatte, entdeckte ich schließlich ein Muster, das sich immer dann herausbildete, wenn der Prozeß des Loslassens fortgesetzt wurde. Zunächst einmal ist derjenige, der den anderen verläßt, der unabhängigere Partner, während derjenige, der zurückbleibt, der abhängigere oder bedürftigere Partner ist. In jeder Beziehung ist ein Partner immer der unabhängigere und der andere der abhängigere, bis die Partnerschaft eine Stufe erreicht, auf der sie zu einer gemeinschaftlichen Schöpfung wird. Die wesentlichste Lektion für jede Beziehung besteht darin zu lernen, wie man mit dem subtilen oder nicht so subtilen Machtkampf umgeht, der sich aus diesem Unterschied ergibt. Im wesentlichen muß der abhängige Partner lernen, seine Anhänglichkeit und seine Bedürfnisse loszulassen, um so die Beziehung auszubalancieren, sie voran zu bringen und deren Attraktivität zurückzugewinnen. Der unabhängige Partner muß sich dem abhängigen Partner annähern und ihm Wert beimessen, ihn hochschätzen und ihn auf dieselbe Ebene erheben. Dies bringt die Beziehung weiter, gleicht sie aus und läßt den abhängigen Partner wieder attraktiver werden. Es wird für beide Partner sehr viel einfacher, wenn sie dies einige Male durchgemacht haben und ihren eigenen Widerstand überwunden haben. Durch die Verbindung, die sich ergibt, wenn du deinem Partner mehr Wert zuweist als deinem *Bedürfnis* nach Liebe oder deinem Bedürfnis nach „Raum“, erhebst du die Beziehung auf eine neue Ebene, und du kannst dich außerdem freuen, daß die Beziehung einen neuen Durchbruch zur Romantik erlebt.

Wenn der abhängigere Partner noch abhängiger wird und der unabhängigere noch unabhängiger, braut sich ein Unheil zusammen. Denn je unabhängiger ein Mensch in einer solchen Beziehung ist, um so unzufriedener wird er, und um so wahrscheinlicher ist es, daß er die Beziehung aufgibt. Oftmals erkennt der abhängige Partner nicht das Ausmaß der Unzufriedenheit des unabhängigen Partners, und es überrascht ihn völlig, wenn er verlassen wird. Auf der anderen Seite gibt es sehr viel mehr Gelegenheiten für Krisen in der Beziehung, wenn die Partner die Positionen wechseln, wenn einmal der eine abhängig ist und der andere unabhängig und umgekehrt. Wenn der unabhängige Partner nicht leidenschaftlich und nicht ein wirklicher Partner für den bedürftigen Teil ist, dann wird in dem Moment, wenn sich das Blatt wendet, der nun unabhängige oftmals die Beziehung aufgeben. Ich habe es erlebt, daß männliche Partner sehr ärgerlich wurden und manchmal zu Gewalttätigkeit neigten, wenn sie in die bedürftige Position gebracht wurden und mit der Eifersucht und den Schmerzen, den natürlichen Begleiterscheinungen von Abhängigkeit, konfrontiert wurden.

In einer Beziehung muß der abhängige Partner mehr Bedürfnisse erfüllen und Probleme lösen, während der unabhängige Teil sich mehr dem Bedürfnis nach „Raum" oder den Versuchungen von „Affären" stellen muß. Jeder Schritt, den du voranschreitest, bringt die Beziehung weiter. Jede Falle der Versuchung oder Bedürftigkeit, in die du hineingerätst, bringt die Beziehung in eine Falle. Wenn eine Beziehung aufgelöst wird, liegt das daran, daß sie zuvor entweder abgestorben oder in zwei entgegengesetzte Lager aufgespalten war.

Wenn der unabhängige Partner mit jemandem auf und davon geht oder die Beziehung aufgibt, um seinen eigenen „Raum" zu haben, bleibt der abhängige Partner zurück, um die Asche der Beziehung nach einem verbliebenen Lebensfunken durchzusieben. An diesem Punkt würde derjenige, der zurückgelassen wurde, in der Regel alles tun, wenn er seinen Partner zurückgewinnen könnte. Der Zurückgebliebene lebt in der Vergangenheit weiter und denkt an die alten Zeiten. Oft denkt er sich alle möglichen Gründe aus, um den unabhängigen Partner anrufen zu können, was lediglich dazu beiträgt, den unabhängigen Teil noch weiter wegzustoßen. *Die beste Strategie ist, deinen unabhängigen Partner nicht anzurufen, es sei denn, du willst ihn weg-*

stoßen. Wenn du anrufst, kannst du nicht umhin, deine Bedürftigkeit und dein einem Vampir ähnliches Verhalten zu zeigen, egal, wie sehr du dir auch einbildest, es kaschieren zu können. Rufe nur in dringenden Notfällen an und schaffe keine Notfälle, nur um anrufen zu können. Das Ergebnis wird lediglich sein, daß du den anderen noch weiter von dir wegstößt. *Er wird dich anrufen, wenn du den ersten größeren Schritt beim Loslassen gemacht hast.* Dies wird ganz natürlich geschehen, wenn du die Telefonverbindung nicht schon dadurch zu sehr mißbraucht hast, daß du zum Telefon-Vampir geworden bist. Wenn das bereits der Fall ist, mußt du warten, bis du den zweiten Schritt beim Loslassen gemacht hast, damit der andere wieder mit dir Kontakt aufnimmt. Nimm dir ein Herz, es ist nicht alles verloren, wenn du den Mut hast loszulassen.

Die einzige Möglichkeit, daß dein ehemaliger Partner zu dir zurückkommt oder daß du eine bessere, wahrhaftigere Beziehung mit ihm oder mit jemand anderem eingehen kannst, besteht darin loszulassen. Es ist der einzige Weg, der jedoch immer funktioniert. Wenn er nicht funktioniert, liegt das nicht daran, daß das Prinzip des Loslassens in diesem Fall nicht funktionierte, sondern daran, daß du es nicht genügend intensiv angewendet hast, trotz aller gegenteiliger Behauptungen. Wenn du dir selbst etwas vormachst, wird dir das nur noch mehr Schmerzen bereiten. Die Probe aufs Exempel beim Loslassen besteht *in den positiven Ergebnissen, die erreicht wurden.* Wenn du genügend losgelassen hast, um die erste Hürde beim Loslassen zu nehmen, wirst du es daran erkennen, daß dein verflossener Partner dich anrufen wird. So zu tun, als ob er dich nicht interessiert oder das Gefühl abzuschneiden, wird nicht funktionieren, selbst wenn dein ehemaliger Partner dich anrufen sollte. Entweder wird deine Bedürftigkeit zum Vorschein kommen, oder du wirst lediglich einen Machtkampf erzeugen, bei dem du nun der unabhängigere Teil bist. Der Machtkampf hat vorher nicht funktioniert und wird jetzt auch nicht funktionieren. Entweder wirst du später in der gleichen Lage wie vorher sein, oder der andere Teil wird sich zum

Schluß in der abhängigen Position befinden, und du wirst auch damit unzufrieden sein. Du wirst weiterhin alle die Bedürfnisse im Verborgenen halten, die du irgendwann in deinem Leben aufgeben mußt, damit du eine freie, intime und erfolgreiche Beziehung eingehen kannst. Jetzt ist ein guter Zeitpunkt, diese wichtige Lektion über Beziehungen zu lernen. Loslassen wird dir in vieler Hinsicht einen Dienst erweisen, indem es dich weiter bringt, deine Attraktivität und dein Selbstvertrauen erhöht und dir wieder eine wirkliche Chance für die Beziehung gibt, falls du das möchtest.

Wenn dein ehemaliger Partner dich anruft, ist das deine erste Prüfung. Wenn du sie bestehst, wirst du zur zweiten Stufe im Prozeß des Loslassens zugelassen. Wenn du die Prüfung nicht bestehst, wirst du dich niedergeschmettert und ausgebrannt fühlen, und du wirst wieder am Beginn des Prozesses des Loslassens angelangt sein und mußt dich noch einmal durch die Asche deiner Beziehung wühlen. Wenn du durchrasselst, wird dein Expartner dich nicht wieder kontaktieren, bis du die zweite Hürde des Loslassens genommen hast.

Die erste Prüfung beim Loslassen besteht aus folgendem: Wenn du einen Telefonanruf erhältst, kannst du testen, wie unberührt du während des Telefonanrufs bleiben kannst. Dein ehemaliger Partner hat angerufen, weil er die Energie und die Anziehungskraft deines Loslassens spürt und weil er die Lage der Dinge auskundschaften will. Dein Expartner ist noch immer auf einer energetischen Ebene mit dir verbunden, und so unwahrscheinlich es klingt, er wird dich anrufen, sobald du die erste Hürde beim Loslassen genommen hast. Vertraue darauf. Nichts anderes wird Erfolg bringen, denn der andere wird spüren, daß deine Abhängigkeit wieder zurückkehrt. Wenn du dagegen während des Telefongesprächs in Verbindung, aber nicht abhängig bleibst, wirst du sofort auf die nächste Stufe gehoben, die darin besteht, daß er dich einlädt, sich mit ihm an einem öffentlichen Ort zu treffen (damit die Wahrscheinlichkeit, daß du ihm eine Szene machst, gering ist). Wenn du die erste Hürde nimmst, kann das dir viele

Monate ersparen, in denen du sonst für dich das Loslassen üben müßtest. Es soll dir eine Warnung sein, dein Bestes zu geben, um die Prüfung zu bestehen. Wenn du durchrasselst, wirst du dich niedergeschmettert und ausgebrannt fühlen. Wenn du dich wieder daran machst, den anderen „auszusaugen", um deine Bedürfnisse erfüllt zu bekommen, mußt du, um zur zweiten Stufe zu gelangen, den Prozeß des Loslassens in derselben Weise durchlaufen, in der du zur ersten Stufe gelangt bist. Wenn du es indes jetzt ausgezeichnet machst, wird dein ehemaliger Partner dich am Ende des Telefongesprächs einladen, sich mit ihm zu treffen. Wenn du es gut machst, wird er versprechen anzurufen. Wenn du es dabei beläßt und nicht wieder von seinem Anruf abhängig wirst, wird er tatsächlich wieder anrufen, und die erste Prüfung setzt sich fort. Wenn du durch die erste Prüfung gerasselt bist, mußt du warten, bis du genügend losgelassen hast, um ihn zu veranlassen, auf der zweiten Stufe anzurufen, um dich zum Ausgehen einzuladen.

Auf der zweiten Stufe des Prozesses des Loslassens wirst du zum Ausgehen eingeladen. Der Schlüssel zum Erfolg besteht wiederum darin, in der Gegenwart zu bleiben und dich daran zu erfreuen. Mache keine Zukunftspläne, bleibe losgelöst, aber in Verbindung, laß alle Gefühle oder Bedürftigkeiten, die hochkommen, los, ohne zu versuchen, sie zu benutzen, um von deinem ehemaligen Partner etwas zu bekommen. Wenn dir das gelingt, werdet ihr wahrscheinlich die Nacht zusammen verbringen. Wenn du es gut machst, wirst du wieder eingeladen werden. Wenn du durchfällst, indem du eine Szene machst, was emotionaler Erpressung gleichkommt, oder indem du deine Bedürfnisse als wichtiger ansiehst als deinen Partner oder eure Beziehung, wirst du auf Feld eins zurückgesetzt. Wenn du an diesem Punkt angelangt bist, wird der andere nicht eher Kontakt aufnehmen, bis du die dritte Stufe im Prozeß des Loslassens erreicht hast.

Die dritte Stufe im Prozeß des Loslassens besteht darin, daß dein Expartner wieder eine Beziehung mit dir eingehen möchte; du solltest jedoch die Beziehung auf der Basis fortführen wie bisher, da dies ausreicht, damit die Beziehung fortbestehen kann. Wenn der Betreffende einen anderen Partner hat, was oftmals auf Stufe drei passiert, dann ist es notwendig, den Prozeß des Loslassens fortzusetzen. Aber wenn du schon so weit gekommen bist, weißt du, wie man losläßt, und du weißt, wie Loslassen dein Leben verändern kann. Wenn du anbeißt und das Angebot, wieder ein Verhältnis zu beginnen, annimmst, wirst du durch die Prüfung durchfallen, und du wirst in eine Dreiecksbeziehung hineingezogen, die eine der größten Fallen des Ego ist, um uns davon abzuhalten, voranzukommen. Je länger du in dieser Konkurrenzsituation bleibst, um so mehr kann die Situation auf die früheren Stufen im Prozeß des Loslassens zurückfallen. Wenn du mit dem Loslassen fortfährst, wirst du Stufe vier erreichen. Dabei handelt es sich um die Stufe, auf der du einen wahren Partner haben wirst, wenn du sie erreichst. Vielleicht ist dieser Partner nicht derjenige, mit dem du begonnen hast, aber es ist der beste.

Oftmals hast du mit Stufe vier eine Ebene erreicht, bei der du jegliche Dringlichkeit in bezug darauf, einen Partner zu finden, hinter dir gelassen hast. Du magst einen Partner, aber es ist nicht mehr eine Frage von Leben und Tod. Manchmal kommt es vor, daß du einen neuen Partner findest, so daß du wählen kannst, welchen Partner du möchtest, den alten oder den neuen. Vielleicht hat dein alter Partner noch einen anderen Partner, aber er würde ihn verlassen, wenn du dein Wort geben würdest. Auf Stufe vier ist die beste Entscheidung, nicht selbst den Partner zu wählen, sondern die Bindung an beide Partner loszulassen, und *darum zu bitten, auf die nächste Stufe gebracht zu werden.* Die Situation wird sich dann zu Stufe fünf weiterentwickeln; auf dieser Stufe wird sich der Partner deiner Wahl dir von selbst zu erkennen geben. Es wird klar auf der Hand liegen, wer dein wahrer Partner für diese Stufe deines Lebens sein wird. Denn derjenige, der sich anbietet, wird die Qualitäten beider Stufen mit sich bringen. Klingt dies wie Magie? Nein, nur nach Loslassen.

Übung

Mache eine Grafik oder eine bildliche Darstellung darüber, an welcher Stelle du dich im Prozeß des Loslassens, wie er beschrieben worden ist, befindest. Notiere, wie oft du die Prüfung erfolgreich bestanden hast und wie oft du das Gefühl hattest, niedergeschmettert und ausgebrannt zu sein. Markiere jede Stufe in deiner Grafik oder Darstellung und schreibe die entscheidende Prüfung für jede Stufe hin. Studiere deine Grafik bzw. Darstellung jeden Tag und markiere deinen Fortschritt, während du voranschreitest.

Denk daran, die Probe aufs Exempel für deinen Fortschritt ist das, was dein Expartner tut. Es geschieht oft, daß die Situation so aussieht, als ob es für immer für dich aus ist, aber selbst dann wird der andere wieder Kontakt mit dir aufnehmen. Die einzigen Situationen, die denkbar sind, in denen wirklich jeglicher Kontakt mit dir abgebrochen würde, sind diejenigen, in denen der andere in rechtliche Schwierigkeiten wegen dir geraten würde oder in denen er aus irgendeinem Grunde verhindert ist, Kontakt aufzunehmen. In allen anderen Fällen, wie unwahrscheinlich die Sache auch aussehen mag, liegt es an dir, die Sache voran zu bringen. Dein Loslassen stellt das Zentrum deines Selbstvertrauens, deiner Attraktivität und deines Neubeginns dar. Warum nicht jetzt beginnen?

5. *Der Unterschied zwischen Liebe und Bedürftigkeit – Wenn es verletzt, ist es keine Liebe!*

Bei diesem Prozeß des Loslassens ist eine der Reaktionen auf Verlust, die Heilung bewirken können, Verstehen. Alles das zu verstehen, was geschah, hilft, dem Verlust, dem Gefühl der Bedürftigkeit und der Furcht, daß es wieder passieren könnte, entgegenzuwirken.

Die meisten von uns benutzen dann, wenn sie jemanden verlieren und darunter leiden, das Ausmaß ihres Leiden als Maßstab für das Ausmaß ihrer Liebe. Dies ist schlichtweg nicht wahr. Liebe verletzt nicht, Bedürftigkeit dagegen schon. Der Verlust einer Abhängigkeit tut sehr weh, und es schmerzt sehr, wenn eine von Abhängigkeit und Festhalten bestimmte Liebe verlorengeht. Unzählige Male habe ich mit Menschen gearbeitet, die so sehr unter dem Verlust einer Liebe gelitten haben, daß sie mit Selbstmord drohten, in eine tiefe Depression verfielen oder stundenlang hysterisch weinten. Genau diese Menschen reagierten in dem Moment, in dem sie genügend losgelassen hatten, um wieder eine Ebene der Ebenbürtigkeit gegenüber ihrem Partner zu erreichen und Attraktivität wiederzugewinnen, in lässiger, verblüffender Weise auf ihren ehemaligen Partner, den sie zuvor mit Bitten behelligt hatten. Ich habe dies Dutzende und Dutzende Male beobachtet, und alle die Tränen, die sie vergossen hatten, waren nicht aus Liebe geflossen, sondern waren in ihrer Bedürftigkeit begründet.

Ja! Ein Verlust aufgrund von Bedürftigkeit schmerzt. Wir haben alle Bedürfnisse, zumindest nach Erleuchtung. Der Grad unserer Reife wird in Wirklichkeit durch die Art und Weise bestimmt, wie wir mit unseren Bedürfnissen umgehen. Unreife Formen, mit Bedürfnissen umzugehen, schließen Groll, Verletzungen, emotionale Erpressung, Vergeltung, Ausschweifung,

Sucht, Klagen, Angriff, Rückzug, Abhängigkeit, Unabhängigkeit, Retter spielen, Dissoziation, Schmollen, vampirähnliches Verhalten, Nehmen, Manipulation, Erzwingen, Kontrolle, Festhalten, Machtkampf, Konkurrenzkampf, Leblosigkeit, Trotzanfälle und falschen Glanz (das, was die Aufmerksamkeit erregt oder uns aufgrund des Versuchs, mehr als unsere Mitmenschen zu haben, entweder im positiven oder negativen Sinne, zu etwas Besonderem macht) ein. Jeder Verlust, den wir loslassen, vergrößert unsere Weisheit und Reife. Der weise Umgang mit unseren Bedürfnissen durch Kommunikation, Offenheit und die Fähigkeit zu antworten, ermöglicht es uns, uns weiterzuentwickeln. Austricksen, Verleugnung oder Verwirrspiele dagegen machen Wachstum unmöglich.

Liebe ist das Geben/Empfangen, das aus der Anerkennung von Gemeinsamkeit, Verbindung und Bindung hervorgeht. Es ist der beständige Wunsch nach Gutem und nach Ausdehnung, der sich aus der Erinnerung an deine Ganzheit ergibt. Selbst in den schrecklichsten Situationen „ändert Liebe sich nicht, was auch immer sich um sie verändern mag" (Shakespeare). Bedürfnisse hingegen verändern eine Situation oder eine Beziehung jedesmal, wenn sie nicht erfüllt werden. Sie ermuntern zu Haß, Vergeltung, Klagen, Angriff, Zurückweisung und Verlassen.

Es ist wichtig zu wissen, daß der leidende Teil dessen, was du erfährst, nicht wahre Liebe, sondern Bedürftigkeit ist. Dieses Wissen kann dir sowohl den falschen Glanz des Leidens ersparen als auch die Enttäuschung in bezug auf deine Liebe. Was oftmals als Liebe bezeichnet wird, ist lediglich etwas „Besonderes" sein wollen in einer Beziehung. Wenn es schmerzt, ist es das Gefühl, etwas Besonderes zu sein, das gelitten hat. Wenn eine Erfahrung mit Schmerzen verbunden ist, bedeutet das lediglich, daß dein ehemaliger Partner nicht nach dem Drehbuch leben wollte, das du ihm zugeschrieben hast. Er hat Regeln gebrochen, die du für ihn in der Beziehung aufgestellt hast.

Deine Bedürfnisse loszulassen erlaubt dir, die Liebe, die vorhanden ist, zu empfangen und die Verbindung, die es gibt, zu erfahren. Wenn du bedürftig bist, versuchst du zu nehmen, kannst aber nicht empfangen. Wenn du dich verletzt fühlst, weil es so scheint, als ob dein Partner dich ohne guten Grund von sich weist, liegt das daran, daß du gibst, um zu nehmen. Wenn du versuchst, nicht zu nehmen, kannst du auch nicht weggeschoben werden, weil Liebe und Ganzheit keine Forderungen stellen.

Übung

Denke heute über deine gegenwärtige Situation im Zusammenhang mit dem Leid nach, das du in deiner Familie und in deinen vergangenen Beziehungen durchgemacht hast. Benutze diese Vorstellung von Liebe im Gegensatz zu Bedürftigkeit, um dich zu motivieren, so viel wie möglich von deinem vergangenen und gegenwärtigen Leiden loszulassen.

Wenn die Vergangenheit noch immer schlecht oder schmerzlich erscheint, handelt es sich nicht nur um den Schmerz aus der Vergangenheit, sondern er wird noch immer in die Gegenwart geholt. Dein Loslassen kann dich einfach und leicht davon befreien, so daß etwas viel Besseres deinen Geist und dein Leben erfüllen kann. Lasse heute deine Bedürfnisse los, damit dein Leben von Liebe erfüllt werden kann.

6. Liebst du den Menschen genug, um ihn loszulassen?

Dies ist ein wahrer Test deiner Liebe. Liebst du den Menschen genug, um ihn loszulassen? Liebe ist ein sich ständig ausdehnender Segen, ein dauernder Wunsch nach Gutem, ein fortwährend sich ausweitendes Streben zum anderen, selbst wenn es dir nichts bringt. Liebst du den anderen Menschen genug, um ihm das Allerbeste zu wünschen, selbst wenn es dich nicht mit einschließt? Oder würdest du ihn lieber besitzen, ihn gegen seinen Willen halten?

Es erfordert Mut und Vertrauen, jemanden loszulassen. Am Beginn des Prozesses des Loslassens kommt manchmal das Gefühl hoch, als ob dies das Ende deines Lebens sei, oder wenn es nicht das Ende ist, dann hättest du es gerne. Oftmals herrscht das Gefühl vor, daß dann, wenn es nicht dieser eine ist, es für dich keine Liebe mehr gibt, oder daß es überhaupt niemanden für dich gibt. Aber das ist lediglich ein Gefühl, und ein Gefühl wird sich verändern, wie bereits so viele Gefühle und Emotionen in deinem Leben sich geändert haben.

Würdest du jemanden gegen seinen Wunsch, woanders zu sein, festhalten? Wenn du jemanden kontrollierst, bedeutet das, daß er sein Feuer und seine Attraktivität verliert. Deine einzige Vorwärtsbewegung besteht darin, ihn wirklich loszulassen. Nur dann kann er paradoxerweise zu dir zurückkehren. Aber du kannst nicht jemanden loslassen, um ihn zurückzuholen, denn das Wesen des Loslassens besteht darin, daß Loslassen, um jemanden zurückzuholen, eine Form des Festhaltens ist, und deshalb wird das nicht funktionieren. Deshalb muß Loslassen mit dem Ziel erfolgen, die Wahrheit zu leben. Das bedeutet, in der Gegenwart zu leben, und nicht zu versuchen, zu verordnen, was die Wahrheit sein soll. Nur dadurch, daß du jemanden losläßt, ergibt sich dic Möglichkeit, daß er zurückkommt, aber du mußt ihn wirklich loslassen.

Es ist möglich, daß das einzige Geschenk, was dir bleibt, um es deinem ehemaligen Partner zu geben, das Geschenk des Loslassens ist. Ansonsten wird deine Verhaftung ihn auf energetischer Ebene zurückhalten, indem sie ihn paradoxerweise von dir wegschiebt. Einfach ausgedrückt, benutzt du ihn, um dich selbst zurückzuhalten. Dein ehemaliger Partner wird zur besten Entschuldigung, nicht weiterzugehen und etwas aus deinem Leben zu machen. Aber am Ende deines Lebens ist das Leben zu dem geworden, was du daraus gemacht hast, trotz der Herausforderungen.

Denn was für ein Geschenk auch immer diese Beziehung in deinem Leben gewesen sein mag, willst du sie jetzt als eine Falle benutzen? Willst du diese Zeit verwenden, um die Liebe und die Geschenke zu feiern, die du, solange die Beziehung andauerte, empfangen hast, oder willst du diese Zeit benutzen, um ein Denkmal für deinen Verlust darzustellen? Deine Beziehung ist vorbei. Es mag sein, daß es ein weiteres Kapitel davon gibt oder auch nicht, aber dieser Abschnitt ist vorbei. Der einzige Weg vorauszusagen, ob dein ehemaliger Partner in den zukünftigen Kapiteln vorkommen wird, besteht darin, diesen loszulassen. Ein Kapitel immer und immer wieder durchzulesen, egal, wie gut es ist, hält dich davon ab, zum nächsten Kapitel überzugehen. Und wenn du diktierst, daß dies das Ende des Buches deines Lebens ist, gibst du ihm ein reichlich mageres Ende, egal, wie gut es vorher gewesen ist.

Im zweiten Jahr meiner Tätigkeit als Therapeut arbeitete ich mit einem Klienten am Naval Drogen-Rehabilitations-Zentrum, der Monate vorher einen Abschiedsbrief erhalten hatte, unter dem er noch immer litt. Dies war zu einer Zeit, wo ich noch kein wirkliches Verständnis vom Unterbewußtsein hatte. Dennoch kam mir etwas wie ein intuitiver Blitz in den Sinn, das den jungen Mann frei machte. Als er immer und immer wieder davon redete, wie schlecht er sich fühle, hatte ich die Inspiration zu sagen: „Aber du wolltest sie in Wirklichkeit doch überhaupt nicht haben! Wie kam es dazu, daß du sie nicht wolltest?“ Der junge

Mann fuhr fort, eine Anzahl von Eigenschaften aufzuzählen, von denen er glaubte, daß sie mit einer Partnerschaft in Form von Heirat nicht vereinbar seien. So fragte ich ihn, ob der Zweck dessen, daß sie ihn verlassen hatte, sei, daß er so eine passendere Partnerin für die Ehe finden könnte. Er sagte: „Ja. Aber als sie mir den Abschiedsbrief schickte, hatte ich vergessen, daß es genau das war, was ich eigentlich auch wollte, und das ist der Grund, weswegen ich seitdem so viel gelitten habe". Seitdem sie mit ihm gebrochen hatte, konnte er nicht einmal daran denken, nach einem Partner Ausschau zu halten. Als er erkannte, daß auch er wollte, daß die Beziehung zerbrach, aber daß er es aufgrund der Nachwirkungen des Bruchs vergessen hatte, war es für ihn leicht, loszulassen und sich anzusehen, was für ein Partner für ihn geeignet war. Zwei Monate später erhielt ich einen Brief von ihm, in dem er mir mitteilte, daß er eine Partnerin gefunden hatte, die mit seinen Vorstellungen übereinzustimmen schien und daß sie sich verliebt hätten und jetzt verlobt waren, um dann zu heiraten. Er war ein glücklicher Junge! Die Arbeit mit ihm half mir zu erkennen, welche Macht ein gespaltener Geist hat und welche Auswirkungen er haben kann. Oftmals ist der Mensch sich nur des bewußten Teils des Geistes gewahr, während der andere Teil des Geistes in das Unterbewußte verbannt ist.

Was ich im Unterbewußtsein gefunden habe, nachdem ich mit Hunderten von Paaren gearbeitet hatte, war zuerst eine Überraschung für mich. Keine Beziehung geht zu Ende, bevor nicht beide damit einverstanden sind (zumindest auf unterbewußter Ebene). Ich fand ebenfalls heraus, daß auf dieser Ebene beide darin übereinstimmen, wer derjenige sein wird, der die Position des Unabhängigeren einnimmt und die Verantwortung für die Beendigung der Beziehung übernehmen wird, wobei er manchmal in der Rolle des „Bösen" erscheint. Der andere Partner übernimmt die abhängige Rolle und ist derjenige, der sich wie das Opfer fühlt und der am meisten leidet und die meisten Probleme mit der Beendigung der Beziehung hat. Oft wird dann der Prozeß des Loslassens beträchtlich beschleunigt, wenn der Betreffende die unterbewußten Aspekte der Situation findet. Das hilft, das Verständnis für die unbewußte Wahl in der Situation zu vergrößern.

Selbst wenn du die unterbewußten Anteile entdeckst, gibt es noch einiges in bezug auf Loslassen zu tun. Schätzt du dich selbst und die anderen hoch genug ein, um die Situation loszulassen? Liebst du den anderen genügend, um ihn von der Angel loszulassen und dich ebenso von der Angel freizumachen?

Übung

1. Gesetzt den Fall, du wolltest nicht, daß die Beziehung zu Ende geht, die nun zu Ende gegangen ist. Um die unterbewußten Teile zu finden, die möglicherweise ein solches Ergebnis herbeigeführt haben, gehe davon aus, daß du ihr Ende wolltest. Aus dieser Position heraus (daß du wolltest, daß sie zu Ende geht), frage dich nach dem tieferen Grund dafür und beobachte, wieviele Gründe in deinen Sinn kommen. Schreibe sie auf und denke darüber nach.

2. Sieh dir heute genau an, wie sehr du deinen ehemaligen Partner liebst. Wenn du ihn liebst, gib ihn frei. Andernfalls schau dir an, wie sehr deine Bedürfnisse ihn und dich in einer Beziehung versklaven möchten, die nur ein Abklatsch einer Liebesbeziehung sein würde.

7. Die Lektion einer Beziehung

Mit dem Sinn jeder Beziehung ist eine entscheidende Lektion verbunden. Lang dauernde Beziehungen können eine Vielzahl von Lektionen beinhalten. Das Lernen der Lektionen führt zu einem Anstieg der Liebe, des Vertrauens, des Verstehens, des Selbstwertgefühls und der Weisheit. Die Lektion nicht zu lernen, kann zu schmerzvollen Erfahrungen und dem Gefühl, keinerlei Wert zu haben, führen. Einige Lektionen sind so kraftvoll, daß sie, wenn man sie nicht besteht, mit dem Nichtbestehen von schamanischen Prüfungen oder Erprobungen der Meisterschaft verglichen werden können, was zu Tod, Krankheit, Besessenheit, zerbrochenen Herzen, Tragödien, vernichtenden Fehlschlägen und dem Gefühl führen kann, als ob man in der Hölle gefangen wäre. Jede Lektion, die wir in einer Beziehung zu lernen versuchen, ist eine Lektion über Reife und Liebe. Ein falsches Ergebnis einer Lektion wie z. B., daß man dem anderen Geschlecht nicht trauen darf, ist in Wirklichkeit eine nicht oder nur teilweise gelernte Lektion.

Die Lektionen, die du in deinen frühen Beziehungen zu Eltern, Geschwistern und ehemaligen Verwandten nicht gelernt hast, tauchen wieder und wieder auf, bis sie gelernt sind. Wenn du eine Lektion mit der Zeit nicht lernst, kann sie zur Prüfung werden. Denke an Prüfungen, durch die du im Leben hindurchgegangen bist. Sie waren lediglich Lektionen, die chronisch geworden sind.

Als junger Therapeut erhielt ich Supervision von einigen Psychiatern. Sie lehrten mich, daß der wichtigste Teil der Therapie die Beendigung oder das Ende der therapeutischen Beziehung sei. Viele der Lektionen, die während der Therapie nicht erfolgreich gelernt worden sind, können durch eine gelungene Beendigung doch noch ihr Ziel erreichen. In der gleichen Weise fand ich heraus, daß viele Lektionen, die in einer Beziehung nicht gelernt wurden, zu Ende gebracht werden konnte, als die Beziehung sich im Stadium des Loslassens befand.

Übung

1. a) Was war die hauptsächliche Lektion, die du in dieser Beziehung zu lernen hattest?

b) Wenn du die Skala von 1–100 Prozent zugrunde legst, zu wieviel Prozent hast du sie deiner Meinung nach gelernt?

c) Welche andere Lektionen hattest du in dieser Beziehung zu lernen? Zu wieviel Prozent würdest du sagen, hast du sie gelernt?

d) Wenn du das gewußt hättest, was du heute weißt, was hättest du anders gemacht?

2. Verbringe einige Zeit damit, gedanklich bei den Themen deiner Lektionen zu verweilen. Sei willens, alles, was nicht gelernt wurde, zu einem Abschluß zu bringen, während du diese Beziehung losläßt, und sei willens, deine Lektionen im Verlauf des Prozesses des Loslassens zu lernen.

8. Ja sagen zum Leben

Angesichts eines großen Verlustes ist die Enttäuschung oft so groß, daß wir uns vom Leben zurückziehen, sogar bis an den Punkt, an dem wir das Selbst oder die Persönlichkeit abtöten, die unseren Geist geleitet hat. Wenn das geschieht, ist der Geist so schöpferisch, daß ein neues Selbst erscheint, das wir nicht wirklich sind, um den Platz einzunehmen. Dennoch werden wir dadurch geschwächt und sind danach sehr viel mehr von uns selbst, der Fähigkeit zu empfangen und Erfolg zu haben, abgespalten.

Wenn wir wiederholt durch Verlust geschlagen sind, ziehen wir uns zurück. Dieser Rückzug führt zu einem Verlust an Kontakt und Freude. Er führt zu dem Gefühl, nichts wert zu sein, zu Schuldgefühlen und zur Depression. Das Ausmaß unseres Rückzugs wird zum Maß unserer Furcht. Das Ausmaß, in dem wir wahrhaft zusammengehören und verbunden sind, entspricht der Stärke unseres Vertrauens.

Ja zum Leben sagen, ist die Bereitwilligkeit, das Leben sich entfalten zu lassen, damit der nächste Schritt begonnen werden kann. Den nächsten Schritt zu unternehmen, bedeutet nicht so sehr im wörtlichen Sinn mit großen Schritten vorwärts zu gehen, sondern vielmehr eine Bereitwilligkeit, das Leben in der nächsten Phase auf uns zukommen zu lassen.

Der nächste Schritt im Leben ist immer besser! Selbst wenn wir nicht wissen, welcher es sein wird, unsere Bereitwilligkeit bringt ihn mit sich. Im Laufe meiner Beratungs- und Seminartätigkeit bin ich sehr vielen Menschen begegnet, die mich fragten, was der nächste Schritt sein würde, damit sie ihn machen oder zumindest darüber nachdenken könnten. Das Leben jedoch entfaltet sich nur dann, wenn du ihn wählst, ohne zu wissen, wie er ausschauen wird.

Nach vielen Jahren der Erforschung von Problemen fand ich heraus, daß eine zentrale Dynamik bei jedem Problem, einschließlich der Erfahrung eines Verlusts zugrunde liegt, nämlich die Furcht voranzuschreiten. Dies bedeutet im besonderen, daß du dich bewußt, aber noch wahrscheinlicher unbewußt, vor dem nächsten Schritt, und was er mit sich bringen könnte, fürchtest. Jedes Problem wird zu einem Mittel, dich davon abzuhalten, voranzuschreiten. Der Meinung zu sein, daß wir jedes Problem lösen müssen, ist ein guter Weg, Zeit zu gewinnen, bis dein Vertrauen genug gewachsen ist, um vorwärtszuschreiten. Tatsächlich ist eine der einfachsten Methoden, ein Problem zu lösen, den nächsten Schritt sich entfalten zu lassen. Dann stellen wir fest, daß das, was ein Problem darstellte, entweder völlig verschwunden ist oder daß es lediglich etwas ist, mit dem man umgehen muß. Keine große Sache. Das bedeutet, daß einer der einfachsten Wege, durch die gegenwärtige Erfahrung von Verlust hindurchzugehen, der ist, ja zum nächsten Schritt zu sagen, ja zum Leben zu sagen. Du weißt nicht, wie das nächste Kapitel aussehen wird, aber es wird auf jeden Fall besser sein.

Nachdem ich viele Jahre lang Gruppentherapie am Navel Rehabilitationszentrum in San Diego gemacht hatte, fand ich eine weitverbreitete Erscheinung, die ich „Beendigungs-Regression“ nannte. Wenn eine Gruppe sich dem Ende näherte, passierte es oft, daß eine Anzahl von Teilnehmern in den alten Zustand wieder zurückfielen. Manchmal erreichte dieser Rückfall einen Punkt, der so schlimm war wie zu Beginn der Gruppensitzung oder scheinbar noch schlimmer. Einige der Heroinkonsumenten oder andere Drogensüchtige nahmen, kurz bevor sie aus dem Rehabilitationszentrum entlassen werden sollten, noch einmal die Droge ihrer Wahl ein. Oftmals berichteten sie, daß sie nicht mehr das „High“-Gefühl hatten, das sie einst beim Konsum der Droge empfanden, und sie entdeckten, daß sie sich geändert hatten und nicht länger ein Leben, das sich nur um Drogen drehte, leben wollten. In anderen Fällen schienen die Teilnehmer kurz vor dem Ende der Gruppensitzung gefühlsmäßig oder psychisch zurückzufallen. Tatsächlich stellten wir fest, daß diese Regressionen eine Form des Festhaltens darstellten, eine Furcht vor dem nächsten Schritt. Die Botschaft, die diese Menschen uns gaben, lautete: „Du kannst mich noch nicht loslassen. Ich bin noch immer hilflos. Ich habe eine Menge Probleme. Ich brauche deine Hilfe". Als die Teilnehmer erkannten, daß ihr Rückfall lediglich Furcht vor dem Neubeginn war, und als sie sich selbst entschlossen, vorwärtszuschreiten, verschwanden alle regressiven Symptome. Gruppen, die frühzeitig vor diesem besonderen Prozeß gewarnt wurden, gingen zumeist durch die Schlußzeit der Gruppe ohne irgendeine Form des Rückfalls hindurch und machten sich dadurch ihren Neubeginn sehr viel einfacher.

Es ist wichtig zu erkennen, daß es sich immer dann, wenn es so aussieht, als ob du selbst in einem Dilemma steckst, mit einem unlösbaren Problem konfrontiert bist oder mit einem Verlust, der so groß ist, daß es scheint, daß du niemals mehr voranschreiten kannst, um eine Falle handelt, die überwunden werden kann. Denk daran, voranzuschreiten ist nicht eine Frage der Fähigkeit, sondern eine Frage der Bereitschaft. Wenn du in Schmerzen verstrickt bist, ist es wichtig zu erkennen, daß du dich in einer Falle befindest, die Teil der Selbstverschwörung gegen dein Glück ist. Wenn du einmal erkannt hast, daß du dich in einer Falle befindest, kannst du die Situation durch deine Willenskraft und die Kraft deiner Entscheidung verändern. Jede Falle ist eine Situation, die mit Leiden, Zerstörung und Tod für dich verbunden ist. Du benutzt sie, um zu zeigen, wie festgefahren und machtlos du in der Situation bist. Eine Probe aufs Exempel für eine Falle besteht darin, festzustellen, ob du die ganze Zeit zwanghaft darüber nachdenkst.

Eine kurze Affirmation, ein Gebet oder eine aufrichtige Entscheidung kann dich vorwärts führen und aus dieser Falle herausbringen. Wenn du erst einmal bemerkt hast, daß du dich in einer Falle befindest, kannst du sagen: „Dies ist eine Falle. Dies ist nicht die Wahrheit. Ich werde diese Situation nicht als ein Zeichen für Schmerzen, Zerstörung oder Tod benutzen. Ich will dies nicht als Hindernis für Freiheit und Liebe benutzen, sondern als ein Mittel dazu."

Übung

1. In dieser Situation erfordert der Entschluß, zu einer völlig neuen Ebene oder einem neuen Kapitel in deinem Leben voranzuschreiten, einfach ein aufrichtiges und aus ganzem Herzen gesprochenes „Ja" zum nächsten Schritt, eine Bereitwilligkeit deinerseits, auf das Leben und die Liebe anstatt auf den Tod zuzusteuern.

2. Liste die drei wichtigsten Ereignisse auf, die in deinem Leben dein Herz zerbrochen haben. Frage dich intuitiv mit Hilfe einer Skala von 1–100 Prozent, wie weit du das Problem überwunden hast. Die Prozente, die dir an der hundertprozentigen Überwindung fehlen, stellen einen Aspekt des Verlustes oder eines noch in dir befindlichen Bedürfnisses dar, einen Ort des Rückzugs und fortgesetzter Schmerzen. Du kannst noch einmal wählen. Du kannst in diesen Situationen „Ja" zum Leben sagen, und indem du das tust, neue Lebensaspekte finden, die darauf warten, von dir erkannt und willkommen geheißen zu werden.

Übung

I. Indirekte Methoden:

1. Sortiere noch einmal alle Erinnerungsstücke aus, die zu der verlorenen Beziehung gehören, aber nicht mehr in dein Leben passen ... Bilder, Geschenke, die dich zurückzuhalten scheinen usw.

2. Reinige deine Umgebung von belastenden Zeugen. Miste deinen Geldbeutel und dann deinen Schreibtisch aus.

3. Miste das Zimmer, in dem du dich die meiste Zeit aufhältst, aus; dann das nächste Zimmer, das nächste und das nächste.

4. Betrachte deinen Kleiderschrank und sortiere alle Kleidungsstücke aus, die du selten oder nie anziehst usw.

5. Miste alle Schubladen, die Vorratskammer, den Speicher usw. aus.

Stelle dir selbst einen Plan in bezug auf die wichtigsten Säuberungs- und Klärungsarbeiten auf, die du zu tun hast. Du kannst alle diese Maßnahmen unter Zuhilfenahme eines Freundes oder einer Reinigungsfrau usw. in Angriff nehmen. Wenn du aber irgendwann einmal des nachts aufwachst und nicht schlafen kannst, dann fange mit einem dieser Vorhaben an, anstatt über deinen Verlust nachzugrübeln. Betrachte dieses „Klar-Schiff-Machen", die Säuberungsaktion und das Organisieren als eine Metapher für dein Leben.

6. Fertige eine Aufstellung von halb fertiggestellten Projekten an. Lasse diejenigen fallen, die nicht mehr in dein jetziges Leben passen. Setze dir neue Ziele für diejenigen, die in deinem Leben noch einen Platz haben.

II. Direkte Methoden:

Diese Methode befaßt sich mit dem Loslassen von Groll über jemanden, damit du dich selbst nicht länger zurückhältst voranzuschreiten. Jeder Groll hält dich durch den damit verbundenen Ärger, durch Rückzug und unterbewußte Schuldgefühle auf.

„Ich vergebe dir (Name des Betreffenden), weil du mir (Grund für den Groll). Ich will dies nicht benutzen, um mich selbst länger zurückzuhalten."

Wiederhole dies immer und immer wieder, indem du bestimmte Beschwerden über eine Person oder einen Groll einsetzt. Vielleicht stellst du fest, daß du dadurch auch anderen Menschen vergeben hast, wie z. B. Partnern, mit denen du zusammen warst, den Eltern usw. Mache diese Übung auch mit ihnen.

10. Der Mut zuzulassen, daß Gefühle sich ändern

Diese Lektion ist sehr wichtig für dein Weiterkommen. Viele Menschen, die sich in einem Trauerprozeß befinden, wollen sich nicht ändern oder voranschreiten, weil sie befürchten, daß die intensive Liebe, die sie für denjenigen, den sie verloren haben, empfinden, sich in irgendeiner Weise verändert. Es ist jedoch wichtig, einige Prinzipien zu kennen, die dir beim Voranschreiten behilflich sein können. Noch einmal, das, was du als tiefe, intensive, leidenschaftliche Liebe ansiehst, ist eher eine Erfahrung von Bedürftigkeit, von Wünschen, von dringendem Verlangen als eine Liebeserfahrung. Liebe ist ihrem Wesen nach eine stetig ausstrahlende, sich ständig vertiefende Erfahrung. Zweitens, wenn es jemals irgendeine Hoffnung für die Beziehung geben soll oder zumindest dafür, einige Zeit mit dem Partner verbringen zu können, dann besteht die einzige Möglichkeit, daß dies zu einem Erfolg führt, darin, die intensiven Gefühle, die du erlebst, zu verändern. Selbst die traurigen Gefühle müssen sich in solche unbelasteter Klarheit verwandeln und eine Erwartung dem Leben gegenüber darstellen und nicht Erwartungen gegenüber deinem ehemaligen Partner enthalten.

Vielleicht stellst du fest, daß du nicht so sehr an die Person des Expartners gebunden bist, sondern *an deine Gefühle* der Person gegenüber, die Traurigkeit eingeschlossen. Ich habe unzählige Klienten gehabt, die mit ihrem Partner gebrochen haben und sich in tiefer Trauer befanden. Sie hatten anscheinend die Tatsache vergessen, daß sie den Bruch selbst herbeigeführt hatten oder daß dieser auf Gegenseitigkeit beruhte. Einige Wochen nach dem Bruch veränderten sie die Geschichte der zerbrochenen Beziehung in ihrer Vorstellung und fühlten sich vom Partner verlassen.

Das Bedürfnis zu fühlen, führt dazu, daß viele Menschen oftmals wählen, sich traurig zu fühlen; wenn sie dagegen die Wahl treffen würden, statt dessen lediglich eine schmerzliche Erinnerung im Geist zurückzubehalten, würde das auf einen tiefgründigen und wahrhaftigen Prozeß des Loslassens hindeuten. Loslassen führt dich in Richtung auf die eigene Mitte hin und bringt dich ins Gleichgewicht. Diese Position ermöglicht es zu empfangen, wohingegen der Zyklus aus Traurigkeit/Furcht/Anhaftung eine Unfähigkeit zu empfangen erzeugt.

Noch einmal: Es wird einiges an Mut von dir gefordert, damit die Gefühle ihren Lauf nehmen und schließlich in ein Gefühl des Friedens einmünden können. Sobald jedoch Frieden und ein Gefühl von Losgelöstheit erreicht sind (es ist in Ordnung, wenn es funktioniert, und in Ordnung, wenn es nicht funktioniert, obwohl ich es vorziehe, wenn es funktioniert), bereitet das Leben sich darauf vor, dir deinen nächsten Lernschritt in Beziehungen zu servieren. Wenn eine neue Beziehung ansteht oder ein neues Kapitel in der vorliegenden Beziehung sich anbahnt, ist das ganz natürlich wieder der Anfang romantischer und intensiver Gefühle.

Übung

Benutze deine momentanen Gefühle als Brennstoff für diese Übung. Es macht nichts, wie positiv, negativ, heikel oder abgestorben sie zu sein scheinen. Stelle ein Kunstwerk her, das die Beziehung symbolisiert. Es kann ein Gedicht, eine Collage, ein Lied, ein Gemälde, eine Geschichte, eine Zeichnung, ein Tanz sein, oder welche Form auch sonst immer du wählen magst. Falls ein wirkliches Kunstwerk dabei herausgekommen ist oder falls du dein Werk behalten willst, fotografiere es oder mache eine Kopie davon, wenn du fertig bist ... aber verbrenne dann das Original oder die Kopie. Wenn es ein wirkliches Kunstwerk ist, verkaufe es oder verschenke es. Diese Übung kannst du wiederholen, wenn du dich dazu inspiriert fühlst.

11. Das Ziel und die Dauer der Beziehung

Jede Beziehung dient einem Zweck. Teil dieses Zweckes sind die Lektionen, die in der Beziehung zu lernen sind. Der Hauptzweck jeder Beziehung ist es, glücklich zu sein, dich und deinen Partner glücklich zu machen. Wenn du in einer Beziehung nicht glücklich bist, ist der Zweck Heilung. Jede noch vorhandene Blockade, die dich von vollständiger Erleuchtung fernhält, wird zwischen dir und deinem Partner zum Vorschein kommen. Wenn du mehr Dinge heilst, werden mehr Dinge zum Zweck der Heilung hochkommen. Und während ihr beide im Vertrauen wachst, werdet ihr auf natürliche Weise intimer, erfolgreicher und glücklicher sein, und du und dein Partner werden in der Lage sein, mit bedeutenderen Problemen bei ständig wachsender Kreativität umzugehen.

Neben der Heilung von mentalen Blockaden scheint es eine besondere Aufgabe zu geben, die jede Beziehung erfüllen kann, das ist ihr eigener Auftrag oder ihr Beitrag in der Welt. Beziehungen stellen ein Kontinuum der Heilung und des Glücks dar. Durch die Entwicklung, die in einer Beziehung stattfindet, werden mehr und mehr Menschen in der Nähe des Paares unterstützt und inspiriert. Durch die Heilung, die zwischen zwei Menschen geschieht, und durch die wachsende Liebe kommen neue Antworten ins Dasein. Liebe ist eine der besten Funken für das Anfachen von Kreativität. Je weiter du im eigenen Heilungsprozeß fortschreitest, um so mehr entfaltet sich der Weg für deine eigene natürliche Rolle, die Führung zu übernehmen.

Meine Frau und ich entdeckten in unserem zweiten Ehejahr, daß bei unserem neugeborenen Sohn, der an Koliken litt, eine Besserung für vier bis fünf Tage eintrat, als wir auf tiefen Ebenen miteinander kommunizierten und neue Bereiche der Unterstützung und der Verbindung crschlossen. Wie die meisten Eltern taten wir alles, was wir konnten, um zu versuchen, sein Leiden zu lindern. Viele Methoden halfen nichts. Er mußte eine Operation wegen eines Nabelschnurbruchs über sich ergehen lassen, wir ließen eine biochemische Mangelerscheinung ausgleichen, und er bekam Rolfing-Behandlungen. Die Zeitspanne, die wir unserem Sohn Erleichterung verschaffen konnten, wenn wir miteinander auf tiefen Ebenen kommunizierten und in Verbindung traten, war jedesmal gleich groß, bei der Nabelschnuroperation (vier bis fünf Tage Besserung), der Korrektur eines Kalzium-Defizits (vier bis fünf Tage Besserung) und bei jeder Rolfing-Behandlung, die wir ihm zukommen ließen (vier bis fünf Tage Besserung). Der Zustand unseres Sohnes besserte sich nach der ersten Nacht, wenn wir uns auf tiefen Ebenen miteinander ausgetauscht hatten. Wir wiederholten es und stellten von Zeit zu Zeit eine direkte Korrelation zwischen der erreichten Intimität und der bei unserem Sohn festgestellten Erleichterung fest.

Über die Jahre haben wir dies nicht nur zur Lösung unserer eigenen Probleme herangezogen, sondern auch für die Probleme, die einige unserer Freunde erlebten. Jedes Mal, wenn unsere Kommunikation neue Ebenen der Intimität erreichte, schien es einen damit zusammenhängenden Durchbruch in der äußeren Situation, auf die wir uns konzentriert hatten, zu geben.

Manchmal ist der Zweck einer Beziehung erreicht, nachdem das Paar ein gewisses Problem oder eine Reihe von Problemen gelöst hat. Manchmal ist eine Beziehung dazu da, um dir oder dem anderen Partner Unterstützung in schwierigen Zeiten zu gewährleisten. Ich hatte einmal eine Freundin, die immer dann, wenn ich jemanden am meisten brauchte, da war. Ich hatte ihr einmal durch eine ihrer bedeutendsten Trauerperioden ihres Lebens geholfen, und später schien sie immer dann in die Stadt, in der ich wohnte, zu kommen oder anzurufen, wenn ich entweder aufgrund des Schmerzes, weil mir das Herz gebrochen war oder aufgrund eines Trauerprozesses höchst verzweifelt war. Ich fühlte mich jedesmal viel lebendiger, wenn wir uns getroffen hatten. Sie war eine wirkliche Freundin und ein wunderbarer Mensch.

Jede Beziehung auf diesem Planeten Erde hat ein Ende. Eine Beziehung kann ein Leben lang oder nur eine kurze Zeit andauern. Gewöhnlich sind lebenslange Beziehungen diejenigen, in denen wir einen geeigneten Partner haben, um eine Lektion nach der anderen miteinander zu lernen. Dann gibt es diejenigen Beziehungen, die kürzere Zeit andauern, vielleicht um eine bestimmte Lektion zu lernen oder einige Zeit miteinander zu genießen. Danach gibt es noch die scheinbar zufälligen Begegnungen. Diese erfüllen ebenfalls einen Zweck, auch wenn sie kurzlebig sind.

Auf dieser Erde müssen wir zum einen oder anderen Zeitpunkt von jedem Abschied nehmen, mit dem wir zusammen gewesen sind oder dem wir nahe waren. Es ist wichtig, daß wir diejenigen, mit denen wir zusammen sind, wertschätzen, während sie hier sind, denn allzubald sind sie nicht mehr da. Wenn du die Traurigkeit und andere negative Gefühle, die den Trauerprozeß ausmachen, losläßt, kannst du den anderen noch immer als Teil deines Lebens empfinden, auch wenn er nicht mehr physisch anwesend ist. Eine Beziehung kann verschiedenen Zwecken dienen; manchmal existiert sie aus dem einfachen Grunde, um dich mit einer Blockade oder einem verborgenen Konflikt in Berührung zu bringen. Manchmal dient eine Beziehung dem Zweck, dich für eine lebenslange Beziehung vorzubereiten, die noch vor dir liegt. Wenn du noch nicht für eine gleichberechtigte Partnerschaft reif bist, „adoptierst“ du jemanden, der auf seine Weise wunderbar ist, aber ein Problem hat, von dem du glaubst, daß du ihm dabei helfen kannst. Oftmals passiert es, daß du ihn aus dem Nest vertreibst, nachdem du ihm bei dem Problem behilflich gewesen bist, und dann fühlst du dich verlassen, weil niemand für dich da ist. Der Zweck dieser Beziehung bestand jedoch nicht darin, jemanden für ein Leben lang zu haben, so traurig du dich auch fühlen magst, wenn du diesen Menschen verlierst.

Übung

1. Frage deine Intuition, was der Zweck deiner Beziehung war und vertraue dem, was auch immer in deinen Sinn kommt.

2. Wenn es so scheint, als ob dir nichts einfällt, dann sinne über diese Frage den ganzen Tag nach.

3. Frage dich, was die Lektion der Beziehung war und zu wieviel Prozent du die Lektion gelernt hast.

4. Frage dich, inwieweit du deinen unerfüllten Zweck dazu benutzt, dich vom Voranschreiten abzuhalten. Denke daran, daß viele der Vorsätze und Lektionen, wenn sie nicht während der Beziehung abgeschlossen werden konnten, dadurch zu Ende gebracht werden können, daß du beim Loslassen der Beziehung durch den ganzen Prozeß gehst.

5. Bitte dein Höheres Selbst, das heißt, den Teil von dir, der alle Antworten kennt, dir zu zeigen, was der Zweck deiner Beziehung war, und bitte es, dir zu helfen, alles, was in der Beziehung noch unerledigt ist, zu einem Abschluß zu bringen.

12. Läuterung durch Heiliges Feuer

Jeder Verlust erzeugt Schmerzen. Manchmal ist der Verlust so stark und schmerzhaft, daß es so aussieht, als ob wir ihn nicht länger ertragen könnten und mit Sicherheit sterben würden. Manchmal bauen wir als menschliche Wesen, die Schmerzen verabscheuen, Verteidigungsmechanismen bis zu dem Punkt auf, wo wir nicht mehr fühlen können, wo wir nicht mehr empfangen können und wo wir uns völlig unter Kontrolle haben. Manchmal sind wir von den Schmerzen so ermattet, daß wir einfach zumachen, ein andermal sind wir von all den Waffen, die wir zur Selbstverteidigung tragen, erschöpft. Das Ergebnis ist das gleiche. Wir wollen sterben. Bei den extremen Qualen, die ein Verlust mit sich bringt, fühlen wir uns so sehr als Versager oder fühlen wir uns so wertlos, daß wir zu sterben geneigt sind. Das Leben kann, auch wenn es zäh ist, sehr zerbrechlich sein. Aber es lohnt sich, es zu erhalten. An Stelle dessen, was verlorenging, wird neues Leben sprießen, wenn der Verlust losgelassen wird, nachdem der Trauerprozeß abgeschlossen ist. Mit jedem Verlust, der vollständig betrauert wurde, wächst eine neue Stärke, eine neue Liebe.

Es gibt Schmerzen, die so stark sind, daß sie uns in die Knie zwingen. Ich nenne diese Art Schmerzen Heilige-Feuer-Schmerzen und den Prozeß Läuterung durch Heiliges Feuer. Dabei handelt es sich darum, daß die Schmerzen so stark sind, daß sie den Verstand in Stücke zu zerbrechen scheinen. Später ist eine natürliche Heilung möglich, wenn der Schmerz wieder hochkommt, indem jene beiden Teile unseres Verstandes sich wieder zwecks Integration zusammenfügen. Die Heilung wird auf natürliche Weise geschehen, wenn wir uns nicht dagegen wehren, indem wir davor weglaufen oder jemanden in unserer Nähe angreifen. Der Schmerz kann schnell und leicht in ein schöpferisches Geschenk verwandelt werden, sobald dieser auftaucht, wenn *wir geben oder den Menschen um uns herum dienen.* Der Heilige-

Feuer-Schmerz wird bei der Läuterung in eine Geburt Heiligen Feuers und Heiliger Liebe transformiert. Wenn Heilige-Feuer-Schmerzen uns überkommen und wir durch sie hindurchgehen, erreicht dieser Vorgang die Ebene einer Einweihung, einer schamanischen Prüfung, die durchlaufen werden muß und ein visionäres, heilendes Geschenk mit sich bringt.

Es gibt eine andere Art Schmerz, die wir im Leben erfahren können und die noch stärker ist. Diese Ebene des Schmerzes fühlt sich an, als ob wir zerbrochen würden. Diese Schmerzerfahrungen werden oft als Kind unterdrückt, bis wir als Erwachsener irgendwie den Mut und die Bereitwilligkeit aufbringen, ihnen wiederum zwecks Heilung entgegenzutreten. Diese Ebene des Schmerzes, die mit dem Gefühl des Zerbrechens einhergeht, stellt sich nicht als schamanische Prüfung dar, sondern als Prüfung der Meisterschaft. Wenn der Verlust schließlich losgelassen und die Schmerzen transzendiert wurden, dann begleitet uns das Geschenk eines Bewußtseins auf Meisterebene. Zu diesen Arten von Geschenken gehören das Erleben von „Seinheit", Frieden, Zentriertheit, Einfachheit, Unschuld, Wunder, eine neue Ebene der Effizienz und das Hören der Stimme des Höheren Selbst.

In früheren Zeiten wußten viele Gruppen, wie schamanische oder einige religiöse Gruppen, daß fortgesetzte Schmerzen und Härten neue Ebenen des Bewußtseins erschließen können, neue Fähigkeiten hervorbringen, wenn der Schmerz oder die Härte transzendiert oder integriert würden. Wir haben alle viele Verluste erlitten, bei denen wir bis jetzt noch nicht durch den Trauerprozeß gegangen sind. Trauern ist ein Kontinuum, das sich beständig entfaltet, während wir wachsen. Auf jeder neuen Bewußtseinsebene treten wir den alten Verlusten aus neuen Blickwinkeln und aus tieferen Schichten entgegen. Aber es gibt viele unterdrückte und zurückgedrängte Ebenen des Schmerzes, die noch nicht angesprochen wurden oder bei denen wir noch keine Trauer gespürt haben. Alle diese Ebenen würden uns wiederbelebende Energie, Offenheit und Freude bringen, wenn wir die Trauer durchleben würden. Wir könnten die Entscheidung treffen, diese vergrabenen Verluste aufzudecken, zu heilen und neue Ebenen der Liebe und des Vertrauens wiederzugewinnen. Die alten Verluste weisen auf Furcht, Bedürftigkeit, Phantasien, Täuschungen, Enttäuschungen, Trennung, Klagen, Schuld und Autoritätskonflikte auf ihren tiefsten Ebenen hin. Diese erzeugen natürlich alle möglichen Arten von Problemen, die man sich vorstellen kann.

Schmerzen dem Heiligen Feuer zum Opfer zu bringen, ist eine heilende, spirituelle Haltung. Es ist die Erkenntnis, daß es eine Bewegung im Bewußtsein gibt, diese Schmerzen loszulassen und die Verhaftung zu transzendieren, hin zur Heilung, obwohl sich jeder Verlust wie ein Opfer anfühlt. Es handelt sich um eine Bewegung hin zum Sein oder in das Sein. Es ist die Erkenntnis, daß dieses Opfer in Wirklichkeit keineswegs ein Opfer ist. Es ist, als ob wir das Selbst geben, um das Selbst zu finden. Es ist ein Aufgeben einer Form der Verhaftung und des falschen Glanzes, um das Selbst zu erkennen. Es ist das Loslassen von etwas außerhalb unserer selbst, von dem wir versucht haben, Glück abzuleiten, und durch das Loslassen kommt das Glück von innen.

Wir haben alle gelitten, und die meiste Zeit, die wir auf der Erde verbringen, werden wir weiter leiden. Wenn indes diesem Leiden entgegengetreten wird und wenn es losgelassen wird, sorgt dies für eine ständige Erweiterung des Bewußtseins.

So wie das Gewahrsein wächst, so wächst die Fähigkeit, Freude zu erfahren. Das Heilige Feuer, dem geopfert wird, brennt als läuterndes Feuer. Es besteht keinerlei Notwendigkeit, Schmerzen im Äußeren zu suchen, um das Bewußtsein zu erweitern, wenn wir einfach mit den im Inneren vergrabenen Schmerzen auf der bewußten, unterbewußten und unbewußten Ebene und sogar auf der Ebene des Höheren Selbst Kontakt aufnehmen. Die Gelegenheit ist immer da und so gut wie unbegrenzt, bis wir die letzte schmerzvolle Täuschung oder Trennung zwischen uns und Gott überbrückt haben, zwischen uns und „Allem, Das Ist". In der Regel müssen wir soviel Heilungskraft aufnehmen, wie wir verkraften können, aber paradoxerweise könnten wir in Wirklichkeit immer noch mehr aufnehmen.

Es gibt im Leben eine Vielzahl von Verlusten. Wenn unser Verstand und unser Selbst verkalkt sind, bringt das Leben üblicherweise irgendeine Art Schmerz mit sich, um uns zu öffnen und uns vor dem Absterben zu bewahren. Neben den großen Verlusten, die initiatorische Prozesse sind, die schamanische Tests oder Prüfungen auf der Meisterebene bereitstellen, gibt es auch den Bereich der Erwartungen oder der Forderungen, die Bedürftigkeit verbergen. Was immer wir erwarten oder fordern, ist naturbedingt für uns verloren. Im Grunde versucht das Leben uns zu lehren, nicht zu fordern, sondern loszulassen und die Antwort im Inneren zu finden. Dadurch erhalten wir die Möglichkeit, die Sache, die wir ursprünglich gefordert haben, von der wir aber jetzt losgelöst sind, zu erhalten. All dies verursacht, so wie das Leben sich natürlich entfaltet, Verluste, aber wir können das Verlorene nutzen, im Inneren zu wachsen, die Welt um uns herum durch unser erweitertes Bewußtsein und unsere Freude zu segnen.

Übung

1. Nimm heute eine neue Haltung gegenüber Schmerzen ein. Nutze den Prozeß des Loslassens der Trauer als einen, der heilt, erhebt, segnet, befreit und ein neues Leben einleitet. Deine Entscheidung und deine Bereitwilligkeit erlaubt es dir, daß du durch gegenwärtige und vergangene Schmerzen leicht und unbeschwert hindurchgehst, während du dich weiterentwickelst.

2. a) Fertige eine Liste von Lebenserfahrungen an, die dir sehr zu Herzen gingen, das heißt schamanische Erfahrungen waren, oder die niederschmetternd waren, das heißt, Prüfungen für die Meisterschaft darstellten. Erfahrungen auf Leben und Tod können bei beiden Formen vorkommen.

b) Schreibe aufgrund deines intuitiven Gefühls auf, zu wieviel Prozent du die Prüfung bestanden hast. Wenn du bestanden hast, entstehen Gefühle von innerer Größe, Transzendenz und Liebe.

c) Schätze den prozentualen Anteil ein, inwieweit diese Erfahrungen noch immer schmerzhaft erscheinen, und entscheide dich dann, diese Erfahrungen auf irgendeine Weise auf die einfachste Art zu transzendieren.

13. Auf Wiedersehen sagen

Es ist sehr hilfreich, wenn man die Möglichkeit hat, sich mit einem ehemaligen Partner austauschen zu können und auf Wiedersehen zu sagen. Die zusammenfassende Betrachtung der Beziehung kann höchst hilfreich sein, wenn sie in die richtige Perspektive in deinem Leben gesetzt wird. Es hilft wirklich, einem Menschen mitzuteilen, was die Beziehung dir bedeutet hat. Aber manchmal ist es aufgrund von Tod oder dann, wenn der Betreffende unwiederbringlich gegangen ist, nicht möglich, daß das geschieht. Nochmals, es ist nicht empfehlenswert, jemanden anzurufen, der mit dir gebrochen hat, denn du könntest versuchen, ihn unter dem Deckmantel des Loslassens auszusaugen, und hast dann aufgrund deines Abwehrmechanismus der Verleugnung keine Ahnung davon, warum der Anruf nicht das gewünschte Ergebnis gebracht hat. Wenn dein ehemaliger Partner keinen Kontakt mit dir aufgenommen hat, dann ist es das Beste, durch diesen Teil im Prozeß des Loslassens alleine zu gehen. Vor über zwei Jahrzehnten hatte ich als Antwort für einen Freund, der seine große Liebe aufgrund von Krebs verloren hatte, eine Idee, die seitdem vielen Menschen beim Prozeß, die Beziehung abzuschließen, geholfen hat. Vielleicht stellst du fest, daß es am einfachsten ist, dies mit sanfter Hintergrundmusik in einer meditativen Stimmung zu tun. Wenn dein früherer Partner nicht in direkter Verbindung mit dir steht, kann es sein, daß du einen Brief schreiben möchtest oder in ein von Kerzen beleuchtetes Bad steigst und entweder laut oder im Geiste zu ihm sprichst.

Übung

1. Für welche Umgebung du dich auch immer entschieden hast, um diese Übung zu machen, sage deinem ehemaligen Partner laut oder schreibe es ihm, was du an ihm geliebt und geschätzt hast. Oft ist es hilfreich, sich vorzustellen oder das intensive Gefühl zu haben, als ob der Betreffende anwesend ist, wenn du ihm diese Dinge sagst.

2. Teile ihm jetzt mit, was für dich nicht in Ordnung war, weshalb du ärgerlich bist oder weswegen du dich unvollständig fühlst.

3. Teile ihm jetzt das Beste über die Beziehung mit oder das Beste, was sich in der Beziehung ereignete.

4. Teile ihm den schmerzlichsten Teil aus der Beziehung mit.

5. ... das Lustigste aus der Beziehung.

6. ... das Traurigste oder den größten Verlust, den du erfahren hast.

7. ... die glücklichste Zeit in der Beziehung.

8. ... das, was er dir gab, was dir niemals zuvor irgend jemand gegeben hat.

9. ... den allerschönsten, zärtlichsten Teil der Beziehung für dich.

10. ... den schlimmsten Teil der Beziehung für dich.

11. ... welche Fähigkeit dein ehemaliger Partner in dir inspirierte oder aus dir hervorlockte, von dem du nicht wußtest, daß es sich in dir befand.

12. ... welche Lektion du mit ihm gelernt hast.

13. ... welcher alte Schmerz oder welche Furcht durch die Beziehung geheilt wurde.

14. ... falls du der Autor, Regisseur oder Star in dem Stück wärest, welche Szene aus dem Stück du neu schreiben würdest, um sie zu verbessern, und wie du sie neu schreiben würdest.

15. Welches war der Teil, den du bedauerst oder dessen du dich schuldig fühlst?

16. Welches war der Teil, den der andere niemals von dir verstanden hat und den du niemals an ihm verstanden hast?

17. Welches war das größte Geschenk, das er dir gab?

18. Welches war das Schwierigste, bei dem du deinem ehemaligen Partner geholfen hast und bei dem er dir geholfen hat?

19. Wobei fühltest du dich angenommen und wertgeschätzt?

20. Wobei fühltest du dich nicht angenommen und nicht wertgeschätzt?

21. Was hast du an ihm nicht akzeptiert oder nicht gemocht?

22. Was war das Wertvollste an ihm und an der Beziehung?

23. Was hat dir in der Beziehung am meisten Angst gemacht?

24. Wofür möchtest du ihm und wofür möchtest du Gott danken?

14. Die Wahrheit

Bei der Erforschung der Wirkung bestimmter heilsamer Eigenschaften entdeckte ich mehrere interessante Aspekte. Einer davon war, daß die Dynamik von Wahrheit, Verbindlichkeit, Freiheit und Leichtigkeit in bezug auf ihre heilenden Wirkungen grundlegend gleich ist. Ein anderer war, daß sie alle zu Partnerschaft hinführen. Als Jesus sagte: „Die Wahrheit wird euch freimachen", bezog er sich auf die natürliche Verbindung zwischen diesen beiden Heilungsprinzipien.

Ebenso verhält es sich mit dem Zusammenhang zwischen Wahrheit und Leichtigkeit; das Ausmaß der Wahrheit ist das Ausmaß, in dem die Dinge leicht von der Hand gehen. In Anbetracht der Ergebnisse deiner Beziehung war entweder die Beziehung nicht wahr oder die Art und Weise, wie du sie gelebt hast, war es nicht. Auf der Basis des Prinzips der Wahrheit bedeuten Schwierigkeiten beim Prozeß des Loslassens lediglich, daß es sich nicht um die Wahrheit handelt. Wenn man in der Wahrheit bleibt, kann Loslassen eine der leichtesten Heilungsmethoden sein, die es gibt; du hörst einfach damit auf festzuhalten. Dann entsteht ein Fluß schmerzlicher Erinnerungen, wenn der Prozeß des Loslassens abläuft.

Wahrheit in deinem Leben gibt dir ein Gefühl für die Richtung und rückt die Dinge in die richtige Perspektive. Festhalten bringt Schmerzen oder Verhaftung, die künftige Schmerzen bedeutet, mit sich. Wahrheit bringt dir außerdem die Freiheit, die du vermißt hast. Wahrheit bedeutet nicht Alleinsein. Sie ist das, was zu Partnerschaft führt, und sie führt mit Sicherheit dazu, daß du dich selbst hingibst als Ergebnis der Verpflichtung in deinem Leben. Der Loslösungsprozeß, durch den du gehst, versucht dir anzuzeigen, daß du auf irgendeine Weise nicht ehrlich zu dir warst, ansonsten könnten nicht diese Art Schmerzen entstanden sein.

Emotionale Schmerzen sind einfach ein Mittel, um dir mitzuteilen, wenn irgend etwas nicht die letzte Wahrheit ist. Außerdem sprechen diese Schmerzen zumindest dafür, daß du dich selbst getäuscht hast, sprechen von Bereichen, in denen du geglaubt hast, daß Festhalten und Anhaftung Liebe sei. Jede Verhaftung ist eine Form der Selbsttäuschung, bei der du der Meinung warst, daß etwas außerhalb von dir dich glücklich machen könnte. Aber die Wahrheit wird dich freimachen, genauso wie Loslassen dich zur Wahrheit hinführt. Schmerz weist lediglich darauf hin, daß es noch ein Stück Wegs zu gehen gibt, daß es noch eine Lektion zu lernen gibt, um die Wahrheit zu erkennen. Konfuzius sagte, daß das kluge Pferd sich im Schatten der Peitsche bewegt. Die Wahrheit zu erkennen, erspart letztlich viel Zeit und Leid. Ich habe unzählige Male gehört, daß Marshall Thurber, ein glänzender Lehrer, bemerkte, daß es leicht ist, eine Antwort zu bekommen, daß es aber schwierig ist, sie nicht zu bekommen.

Übung

1. Bitte heute den ganzen Tag darum, daß dir die Wahrheit gezeigt wird. Was ist genau jetzt die Wahrheit für dein Leben? Handelst du auf wahrhaftige Weise? Untersuche deine Beziehung in bezug auf Bereiche der Unaufrichtigkeit und der Selbsttäuschung. Wenn die Beziehung unaufrichtig ist, spiegelt das normalerweise Bereiche der Selbsttäuschung in dir selbst wider. Laß alles los, was du möglicherweise noch dabei festhältst. Sind die Dinge, so wie sie sind, die Wahrheit für dich?

2. Sieh dir an, wieviel Schmerzen es genau jetzt in deinem Leben gibt; sieh dir an, wie ehrlich du zu dir selber bist.

3. Bitte darum, daß dir heute die Wahrheit gezeigt wird. Horche heute auf die Wahrheit. Fühle und spüre, was heute die Wahrheit ist. Wenn du heute um die Wahrheit bittest, kann alles, was dir begegnet, ein Weg sein, um dir die Wahrheit zu zeigen ... etwas, was irgend jemand sagt, etwas, was du liest, ein Fernsehprogramm, ein Gedanke, ein Traum oder ein Symbol. Bitte einfach um die Wahrheit und bitte darum, daß du sie dann, wenn sie sich zeigt, als eine Botschaft für dich erkennst. Sei heute äußerst aufmerksam, und die Wahrheit wird dich freimachen!

15. Schuldgefühle loslassen

Jedesmal, wenn wir uns zurückziehen, jedesmal, wenn wir emotionale Schmerzen welcher Art auch immer empfinden, jedesmal, wenn wir uns schlecht fühlen, gehen Schuldgefühle damit einher. Schuld bedeutet, sich aufgrund der Vergangenheit grundlegend schlecht zu fühlen. Das schlechte Gefühl in bezug auf die Vergangenheit suggeriert uns, daß die Zukunft genauso sein wird. So entsteht aus der nicht betrauerten Vergangenheit und den unerledigten Geschäften der Vergangenheit Furcht, die nichts anderes als der Versuch ist, in der Zukunft zu leben. Schuld ist in Wirklichkeit ein Fehler, den wir begangen haben und der anschließend in ein Denkmal verwandelt wurde. Schuldgefühle halten uns an die Vergangenheit geheftet, statt daß wir deren Lektionen lernen und weiterschreiten. Schuldgefühle sind eine Falle, die uns dazu anhält, uns selbst zu bestrafen. „Kümmere dich nicht darum, mich zu bestrafen, Gott, ich tue es schon selbst!" Wenn wir uns selbst bestraft haben oder wenn wir Verlust und Bestrafung geschaffen haben, um unsere Schuld abzubezahlen, dann fühlen wir uns schlecht/schuldig, daß wir zum Opfer gemacht wurden, und so dauert dieser Zyklus an.

Tief liegende Schuldgefühle sind eine psychologische, selbstzerstörerische Falle, die wir benutzen, um nicht den nächsten Schritt in Angriff nehmen zu müssen. Schuldgefühle sind nicht die letzte Wahrheit, es ist lediglich wahr, daß wir sie empfinden und Schicht um Schicht davon in uns begraben haben. Wenn eine Situation vollständig verstanden wurde, verschwinden die Schuldgefühle.

Schlechte Gefühle und ein Bedauern dessen, was in einer Beziehung geschehen ist, ist eine Art des Festhaltens. Jedes unerledigte Geschäft in einer Beziehung, jede Traurigkeit, jeder Ärger usw. gehen Hand in Hand mit Schuldgefühlen. Schuldgefühle sind eine Form der Arroganz, ein dunkler falscher Glanz, der unsere Wichtigkeit übertreibt; Schuldgefühle halten uns gefangen und leugnen die Verantwortlichkeit für jedes Ereignis, das gemeinsam geschaffen wurde, oder die Fähigkeit, darauf zu reagieren. Wir alle tun das Beste, was wir unter dem gegebenen inneren und äußeren Druck können, dennoch könnten wir es paradoxerweise noch besser machen. Wer sein Unterbewußtsein unvoreingenommen erforscht, wird feststellen, daß jedes Ereignis von allen Parteien gemeinsam geschaffen wurde, als das beste Unternehmen des Gruppenbewußtseins, um jedem einzelnen zu helfen. Manchmal bedeutet das, daß dunkle, unterdrückte Gefühle geheilt werden müssen, und die Erfahrungen, die damit verbunden sind, sind ein Weg bei dem Versuch, sie auszugraben und zu heilen.

Wir haben alle große Fehler bei dem, was wir für das Beste hielten, begangen, aber schließlich können dadurch Schuldgefühle bereinigt werden, indem eine Ebene des Verstehens freigesetzt wird, die uns vom Zyklus von Verlust/Bedürftigkeit/Furcht befreit. Das erste, was uns bei der Erforschung des Unterbewußtseins begegnet, sind in der Regel unsere Schuldgefühle, die entweder bereits lange Zeit oder erst seit letzter Woche dort vergraben sind. Es ist wichtig zu wissen, daß Schuldgefühle ein Fehler und nicht die Wahrheit sind, unabhängig davon, wie stark sie in dir brennen. Wenn du die überwältigende Schuld spürst und dir fortwährend sagst: „Ich fühle Schuld, aber das entspricht nicht der Wahrheit. Es hält mich vom Verstehen ab, und das will ich erreichen!" wirst du feststellen, daß du etwas Raum zum Atmen, dann Erleichterung und schließlich Bewegung spürst, die es dir erlauben, mit dem Prozeß des Loslassens zu beginnen.

Schuldgefühle, die aus vergangenen Verlusten stammen, erzeugen gegenwärtige Verluste. Dies sind die psychologischen Muster, die wir seit der Kindheit in uns tragen. Wenn wir uns selbst vergeben und die Schuld loslassen, ist das ein Mittel, uns selbst von diesen Mustern freizumachen.

Schuldgefühle gehen sehr eng mit Gefühlen der Minderwertigkeit, des Opferseins, der Verschmelzung mit Gefühlen des Versagens und der Wertlosigkeit einher. Alle diese Gefühle blockieren

Frieden, Zentriertheit, Fähigkeit zum Empfangen, Liebe und halten uns davon ab, den nächsten Schritt zu tun. Als mein Vater starb, kamen bei mir vier tödliche Schichten an Schuld und zwei dickere Schichten an Versagen hoch. Jede von ihnen war stark genug, um mich zu überwältigen, aber ich hielt an der Wahrheit in meinem Bewußtsein fest, daß die Schuld nicht wahr war, egal, wie stark ich sie auch empfinden würde. Diese Schuldgefühle entstanden, obwohl mein Vater und ich uns sehr nahe standen und waren unabhängig davon, wie sehr wir einander liebten.

Als ich sechs Monate später mit einer Teilnehmerin eines Workshops arbeitete, stellte sich heraus, daß es noch einen weiteren Bereich an Schuld gab, mit dem ich mich bisher nicht befaßt hatte. Ich stellte fest, daß jede Schicht aus Schuld und Versagen, die ich losließ, in Wirklichkeit etwas war, was mein Vater und ich unterbewußt die meiste Zeit unseres Lebens mit uns getragen hatten. Als ich die Schicht aufgelöst hatte, schien es so, als ob wir beide befreit waren. Als ich der Teilnehmerin beistand, ihre Schuld durch ein vollständiges Verstehen des Ereignisses loszulassen, vollendete ich auch meine Lektion und ließ das letzte bißchen Schuld los, das sowohl mich als auch meinen Vater zurückzuhalten und voneinander fernzuhalten schien. Als ich den Prozeß abgeschlossen hatte, hatte ich die Vision, daß mein Vater mir mit dem süßesten Lächeln auf seinem Gesicht „Auf Wiedersehen" winkte und mir den Gedanken sandte, daß er jetzt endlich das, weswegen er sich auf dieser Ebene befunden hatte, vollendet hatte. Diese Vision hielt längere Zeit an und war eine große Beruhigung für mich.

Jedes Schuldgefühl, das du seit deiner Kindheit oder aufgrund vergangener Beziehungen mit dir trägst, erzeugt selbstzerstörerische Muster in gegenwärtigen Beziehungen. Die simple Erkenntnis, daß Schuld nicht der Wahrheit entspricht und dann den Teil deines Geistes, der alle Antworten kennt, zu bitten, dir die Wahrheit zu zeigen, ist der Beginn der Klärung der Schuld, die jetzt dein Leben behindert.

Übung

1. Beschreibe drei Ereignisse der Vergangenheit, an denen du dich schuldig fühlst. Frage dich, wie du dich für diese Schuld selbst bestrafst.

2. Frage dich, weswegen du dich schlecht, schuldig oder als Versager in deiner letzten Beziehung fühlst. Frage dich, wie du dich für diese Gefühle bestrafst.

3. Laß die Schuldgefühle los, die du selber loslassen kannst.

a) Bitte darum, daß dir die Wahrheit gezeigt wird, damit du deine eigene Unschuld und die Unschuld aller anderen für wahr halten kannst.

b) Frage dich für jeden Bereich, in dem du chronische Schuldgefühle mit dir herumträgst, an welchem Punkt die Schuld vorher in deinem Leben begann. Frage, wer daran beteiligt war und welche Umstände vorlagen, und beobachte, was in deinen Sinn kommt. Bitte dein Höheres Selbst um vollständiges Verstehen und um Heilung dieser früheren Gefühle von Schuld und Versagen. Bitte die Höhere Macht, diese Schuld für dich loszulassen und zu vergeben.

c) Denke daran, daß alle Schuldgefühle, die du mit dir herumträgst, dich zurückhalten. Das Resultat ist, daß du diejenigen, die du am meisten liebst, bestrafst, denn dein Rückzug ist letztlich genauso tödlich wie direkte Aggression. Sei willens, diese Bereiche des Rückzugs aufzugeben, um das Geschenk und die natürliche Intimität, die unterhalb der Schuld liegen, zu finden.

16. Die Weigerung loszulassen

Wenn du dich weigerst loszulassen, dann liegt das daran, daß es mehr als einen Menschen gibt, an dem du festhältst. Es kann sein, daß zusammen mit dem Menschen ein Traum verlorenging oder ein Selbstkonzept zerbrochen ist. Es ist auch möglich, daß der Verlust mit einem ähnlichen oder größeren Verlust aus der Vergangenheit in Zusammenhang steht. Es ist möglich, daß du so vollständig mit dem Menschen verschmolzen warst, daß du das Gefühl der Nacktheit nicht ertragen zu können glaubst, wenn du ihn losläßt. Dies ist ebenfalls ein Hinweis auf ein altes Trauma, bei dem eine symbiotische Verschmelzung aus der Zeit der Kindheit noch immer besteht. Und als Folge ist der Betreffende jetzt so verängstigt und mißtrauisch, daß er festhält und sich weigert, loszulassen.

Wir alle haben Bereiche in unserem Leben, an denen wir festhalten und die uns hindern, Fortschritte zu machen. Dabei handelt es sich um Bedürfnisse, Befürchtungen, Phantasien und Klagen, die als gegenwärtiges oder zukünftiges Leiden in unserem Leben in Erscheinung treten. In gewisser Weise ist Festhalten ein Mittel, durch das jetzt mehr Leiden auf uns warten als zu der Zeit, als sie entstanden sind. Loslassen dagegen ist das schmerzliche Freisetzen, das zu einer neuen Ebene zu leben, zu einem neuen Kapitel des Lebens führt.

Die Weigerung loszulassen bedeutet, Krankheit zu simulieren, die den gegenwärtig erlebten Verlust als Weigerung benutzt, voranzuschreiten. Dieses Muster befindet sich im Kern der Verschwörung gegen unser wahres Selbst, gegen unser Lebensziel und gegen unsere Bedeutung. Es benutzt die Idee des Sündenbocks als Entschuldigung, um in einem bestimmten Bereich nicht Fortschritte machen zu müssen, in einem Bereich, in dem wir uns fürchten weiterzukommen. Oft liegt es daran, daß wir vielleicht nicht ausmachen können, was der nächste Schritt ist oder wie wir ihn umsetzen können. Aber das ist nicht unsere Aufgabe. Unsere

Aufgabe besteht darin, Bereitwilligkeit zu zeigen. Mit Bereitwilligkeit werden wir vorwärtsbewegt . . . der nächste Schritt kommt auf uns zu. Wir brauchen ihn nicht auszumachen, das würde alles nur verzögern und ist lediglich eine andere Form des Widerstandes und der Kontrolle. Durch unsere Bereitwilligkeit werden wir vorwärtsbewegt, und unsere Furcht wird transzendiert. Durch unsere Bereitwilligkeit wird das geschehen, was durch uns hindurch zustande gebracht werden soll. Wenn immer wir versuchen, es selbst zu tun, geschieht das mit gnadenlosen Schwierigkeiten. Mit der Einstellung „durch uns hindurch, aber nicht von uns“ brauchen wir lediglich zum Ausdruck zu bringen, was wir sagen oder tun sollen, dann wird es uns gegeben. Dies ermöglicht es, daß göttliche Gnade wirkt und Kontrolle unsererseits umgangen wird, die durch Furcht, alte Erlebnisse mit zerbrochenen Herzen und durch Autoritätskonflikte erzeugt wird. Unser Leistungsdrang, unser Perfektionismus, unsere Gefühle der Unzulänglichkeit, der Mangel an Vertrauen, der zu Kontrolle und Furcht führt, Konkurrenzkampf und das Gefühl des Versagens, das die Leblosigkeit in unserem Leben verbirgt, werden alle dadurch aufgelöst und transzendiert, indem wir die Dinge durch uns hindurch statt von uns selbst machen lassen. Je mehr wir versuchen, alles selbst zu tun, um so mehr Streß, Schwierigkeiten und unnötig harte Arbeit wird geschaffen. Um so mehr *wir* versuchen, die Dinge selbst zu tun, um so mehr Angst vor der Zukunft empfinden wir und um so mehr Schuldgefühle und Gefühle des Versagens empfinden wir in bezug auf die Vergangenheit.

So wie die vorliegende Beziehung sich entwickelt hat, war sie offensichtlich etwas, was du selbst zu machen versucht hast. Jedesmal wenn du dich schlecht fühlst, weist das auf etwas hin, was du zu tun versucht hast. Du kannst die Male, wo du irgendwelche emotionalen Schmerzen empfindest, als Gelegenheit nutzen, dieses ganze Muster des „Tuns“ loszulassen. Dies öffnet den Weg dafür, alles, was es zu tun gibt, auf inspirierte Weise zu tun.

Übung

1. Heute ist ein Tag, um an Bereitwilligkeit zu arbeiten. Suche nach Bereichen, in denen es noch Klagen, Furcht, Phantasien oder Bedürfnisse des Festhaltens gibt. Deine Bereitwilligkeit ermöglicht es, daß sich dieser Bereich entfaltet. Das Leben wird sich ändern, wenn du dich änderst.

2. Sei heute willens, jeden Bereich, an dem du in deiner letzten Beziehung festgehalten hast, zu ändern beziehungsweise ändern zu lassen.

3. Erstelle eine Liste der Dinge, die du in deinem Leben zu „machen" versuchst. Es handelt sich um Bereiche von Schuldgefühlen, Schmerzen, Versagensängsten, Furcht, Unsicherheit, Empfindungen des Mangels, Schwierigkeiten und fehlendem Erfolg. Dieses „Machertum" blockiert die Inspiration, Kreativität, Leichtigkeit, Freiheit und eine umfassende Vision. Sei willens, die Auswirkungen zu untersuchen, die das Loslassen dieses „Machens" mit sich bringt. Alles kann mit Anmut erreicht werden, nicht von dir, sondern durch dich.

17. Vergebung ist eine Form des Loslassens

Vergebung bringt unerledigte Geschäfte zum Abschluß. Sie befestigt lose Enden und ermöglicht einen Neubeginn. Vergebung gibt den anderen frei, so wie sie dich freigibt. Sie befreit dich von dem Steckenbleiben, das Klagen erzeugt. Sie befreit dich außerdem von dem Steckenbleiben der unterbewußten Schuld, die jede Klage verbirgt. Es gibt buchstäblich niemanden, über den wir nicht irgendeine Beschwerde haben. Ich habe in meiner Arbeit herausgefunden, daß das Ausmaß an offensichtlichen oder unterbewußten Klagen dem Ausmaß an Schmerzen, fehlendem Erfolg und Mangel an jeglichem Bereich entspricht.

Während du deinem ehemaligen Partner und dir selbst vergibst, wirst du feststellen, daß ein neuer Tag für dich erwacht, der Beginn eines neuen Kapitels in deinem Leben. Wenn du jede Beschwerde, die du anderen gegenüber hast, losläßt, gibt dir das die Möglichkeit, voranzuschreiten.

Nun scheint es so, als ob Vergebung eine der am schwierigsten zu erlernenden Lektionen für den Menschen ist. Um Vergebung annehmen zu können, müssen wir unsere Rechthaberei aufgeben. Unsere Rechthaberei erlaubt und rechtfertigt unseren Ärger und dient als Entschuldigung für alles, was auch immer wir tun wollen. Ich habe festgestellt, daß auf der tiefsten Ebene des Unterbewußtseins immer ein geheimes Einverständnis mit dem Verhalten des Partners zu beobachten ist. Dieses Einverständnis ermöglicht es uns, entweder vergrabenen Gefühlen zu begegnen, oder es dient als Rechtfertigung dafür, daß wir etwas tun, was wir gerne tun wollten, was wir uns aber ansonsten nicht zu tun erlauben würden.

Vergebung kann zu einem bemerkenswerten Heilungsprinzip werden, wenn sie richtig angewandt wird. Sie hilft uns, die Bedeutung der Rolle als Sündenbock zu verstehen und sie schließlich aufzugeben. Wenn wir einmal zu einem Verständnis gelangt sind, erkennen wir, warum andere so handelten, wie sie es taten, und dies setzt verborgene Schuldgefühle, Depression und Ärger frei. Wir bemerken, was unser Anteil dabei war, und verstehen, wie wir zu einem Mit-Verursacher eines solchen Ereignisses gemacht werden. Der Zweck von Beschwerden über andere besteht darin, unsere eigene Schuld zu verbergen, und dient uns als Entschuldigung, unserer Angst vor dem nächsten Schritt nicht ins Auge zu schauen.

Klagen, die die Position eines anderen als so falsch und unsere als so richtig darstellen, machen Evolution und Reifen unmöglich und halten uns in den Schmerzen der Vergangenheit fest, als ob sie gegenwärtig noch bestünden. Vergebung bringt uns zur Gegenwart zurück. Vergebung ist in Wirklichkeit eine gebende Kraft und als solche eine der hauptsächlichen Formen der Liebe, die uns als Menschen zur Verfügung stehen. Sie wirkt dem Rückzug entgegen, den wir in jeder Situation, in der wir uns aufgeopfert haben oder die schmerzlich war, erfahren haben. Fehlende Vergebung erlaubt jedem noch so schmerzvollen Muster, entweder weiterzubestehen, indem du noch einmal die Opferrolle übernimmst, oder beim nächsten Mal derjenige bist, der einen Sündenbock sucht.

Zu häufig bin ich Menschen begegnet, die sich über ihre verlorengegangene Liebe beklagten, aber in der nächsten Beziehung das gleiche Verhalten zeigten, das die Ursache für die Klagen in der vorherigen Beziehung war. Dies zu erkennen, gibt dem Betreffenden die Gelegenheit, durch Verstehen dessen, was der andere mitgemacht hat, zu vergeben, denn du handelst und/oder fühlst nun in ähnlicher Art und Weise.

Oftmals sind die Beschwerden über unsere Eltern in bezug auf das, was sie taten oder nicht taten, die gleichen Dinge, die wir nun in unserem Leben tun. Oder wir wehren uns heftig durch unsere angenommenen Rollen dagegen, die gleichen Dinge zu tun. Das sind dann Kompensationen für Klagen, die uns nicht erlauben, zu empfangen.

Deine Beschwerden halten dich in einer Welt gefangen, die es niemals gab. Die meisten Beschwerden sind unterbewußte Projektionen. Wir beschuldigen andere für das, was wir tun. Die Schuldgefühle, die unter Verleugnung und Projektion liegen, aufzulösen, kann eine langwierige Angelegenheit sein. Aber diese Arbeit ist faszinierend, fördert den Reifeprozeß und bewirkt Befreiung. Falls unsere Vergangenheit nicht glücklich war, besteht sie aus Verdrehungen und Täuschungen über die Wirklichkeit, die du erfahren hast, verbunden mit weiteren Verlusten, Klagen und den Bedürfnissen, die du mit in die Beziehung gebracht hast. Vergebung rückt die Dinge zurecht und öffnet die Tür, um das Leben zu leben. Sie öffnet uns wiederum für die Erfahrung der guten Dinge, die das Leben anzubieten hat. Vergebung bietet eine Menge an, vor allem die Erfahrung deines eigenen Selbst, das im Unterbewußtsein vergraben liegt.

Übung

Ein wenig Bereitwilligkeit kann jede Methode erfolgreich machen. So können diese Übungen zur Vergebung sehr wirkungsvoll sein, wenn du deinerseits bereit bist, ein wenig zu geben.

1. Sieh dir jedes Verhalten deines ehemaligen Partners an, das dich verärgert hat. Frage dich, was er gefühlt haben mag, um auf diese Weise zu handeln. Erinnere dich an Zeiten, in denen du dasselbe Gefühl in der Beziehung gehabt hast. Würdest du dich selbst für dieses Gefühl und die manchmal entgegengesetzten Verhaltensweisen, die von diesem Gefühl erzeugt wurden, tadeln? Würdest du deinen ehemaligen Partner für die Gefühle, die solches Verhalten hervorrufen, tadeln?

2. Stelle dir vor, daß der Mensch dem gegenüber du Beschwerden vorzubringen hast, vor dir steht. Schau aber nun über seine Fehler, seine Persönlichkeit und seinen Körper hinweg und sieh, fühle, spüre oder stelle dir das Licht vor, das von seinem göttlichen Funken im Inneren ausgeht. Stelle dir vor, daß dein Licht sich mit seinem Licht verbindet.

3. Übergib diese Vergebung deiner Höheren Macht, um den Prozeß für dich abzuschließen.

18. Emotionen „verbrennen" ist eine Form des Loslassens

Es gibt eine einfache Methode der Heilung, eine einfache Methode des Loslassens. Meine Frau Lency, die diese Methode entdeckte, benannte und verfeinerte, gab ihr den Namen „Verbrennen". Es ist ein passender Name. Wenn Bereitwilligkeit, egal, in welcher Form, vorhanden ist, ist sie sowohl einfach als auch wirksam. Du fühlst einfach, was gerade an Gefühlen da ist. Wenn du deine Gefühle spürst, was Schmerzen, Schuld, Leere, Finsternis, Leblosigkeit, Starrheit und blockierte Gefühle umfassen kann, beginnt die Situation sich zu entfalten, so daß du zu anderen, in der Regel tieferen und schlimmeren Gefühlen, gelangst. Aber wenn du den Mut aufbringst, kannst du durch diese Gefühle hindurchgehen und kommst dann zu neutralen und dann freudigen Gefühlen.

Gefühle zu unterdrücken, spaltet dich ab und hält dich unabhängig, statt wechselseitig aufeinander angewiesen zu sein. Wenn du Gefühle unterdrückst, vergräbst du seelische Belastungen in dir. Wenn du Gefühle unterdrückst, ist die im Gefühl blockierte Energie verloren, und es bedarf weiterer Energie, um das Gefühl zu unterdrücken. Dieser große Verlust an Energie kann dazu führen, daß du ständig müde bist. Die Mehrzahl der Menschen, mit denen ich gearbeitet habe und die katastrophale Krankheiten hatten, hatten riesige Verstecke mit vergrabenen Emotionen in ihrem Inneren. Das Freisetzen dieser Energie bringt dich nicht um, sondern erhöht deine innere Stärke.

Gefühle sind im Inneren in Schichten angelegt wie in einem Tunnel, die tiefer und tiefer reichen. Wenn wir schließlich die schmerzvollen Gefühle hinter uns gelassen haben, erreichen wir die freudigen Gefühle. Aber später können wir erneut auf eine andere Schicht oder einen weiteren Tunnel voller Gefühle stoßen. Es ist wichtig zu wissen, daß das Durchleben von Emotionen ein Ende hat und daß es nicht endlos weitergeht.

Ein zusätzlicher Vorteil der Methode, deine Emotionen zu verbrennen, besteht darin, daß du dich mit deinen Gefühlen wieder verbindest, während du sie verbrennst. Wenn du dies bis in tiefere und tiefere Schichten fortführst, verbindest du dich nicht nur wieder mit deinen Gefühlen, sondern auch mit deinem Körper. Meistens gilt: „Die Beziehung eines Menschen, der keine Bindung mehr eingehen will, zu seinem Körper gleicht einem Mann, der mit einem Hund spazieren geht" (aus: Die Götter aufwecken – Aphorismen, um den Weg nach Hause zu finden, von Chuck Spezzano). Wenn du dich mit deinen Gefühlen wieder verbindest, wirst du in entsprechender Weise wieder offen für Partnerschaft und für die Fähigkeit zu empfangen. Nach einem Verlust wird der Mensch von Gefühlen überschwemmt. Das ist ein sehr guter Zeitpunkt, um mit dir selbst in Verbindung zu treten, wobei du mit den anstehenden schmerzvollen Gefühlen anfängst. Du fühlst einfach, was es zu fühlen gibt, wobei du das Gefühl übertreiben kannst oder dich hineinfallen läßt, wenn du mit beschleunigtem Schritt vorwärtskommen willst. Jedes Gefühl, das nicht freudig ist, kann als Mahlgut für die Mühle angesehen werden.

Hysterie, bei der eine Menge Gefühle in übertriebener Weise vorherrschen, ist eine Form der Vermeidung. Sie benutzt andere Gefühle, um das eine Gefühl zu verbergen, vor dem sie sich fürchtet, und um ihm entgegenzutreten. Was Hysterie im Grunde vermeidet, ist nichts anderes als Gelassenheit.

In den letzten Jahren bin ich einer Anzahl von Leuten begegnet, die Gefühle abwerteten. Die meisten von ihnen waren lediglich von ihren Gefühlen abgetrennt und mit sich selbst unaufrichtig, oft unter dem Vorwand, sich intensiv mit spirituellen Themen zu beschäftigen. Du kannst nicht Gefühle unterdrücken und dennoch Erleuchtung erreichen wollen. Gefühle müssen transzendiert werden. Du kannst sie unterdrücken oder vermeiden, aber dann wirst du niemals aus Unabhängigkeit und Abgetrenntheit herausfinden und niemals Beziehungen haben, die eine wahre Partnerschaft erlauben. Dies trifft auch auf Partnerschaften auf einer höheren spirituellen Wirklichkeitsebene zu.

Übung

Verbringe heute soviel Zeit wie möglich, um mit deinen Gefühlen in Kontakt zu kommen. In Wahrheit kannst du Emotionen verbrennen und gleichzeitig das meiste dessen tun, was du sonst auch tust. So kann das Verbrennen der Hintergrund oder Unterton all dessen sein, was du tust, wie essen oder arbeiten. Du kannst dir sogar vornehmen, das Verbrennen selbst im Schlaf fortzusetzen.

Verbrennen ist eine gute grundlegende Heilungsmethode. Einige Menschen halten sie für ihre Lieblingsmethode. Wenn etwas Bereitwilligkeit und Mut vorhanden sind, kann sie alles in Bewegung setzen. Wenn diese Methode wieder und wieder angewendet wird, scheint sich eine natürliche Entwicklung zu mehr und mehr Gnade und Liebe zu ergeben.

19. Dieser Verlust verbirgt einen größeren Verlust

Je größer der Verlust ist, um so mehr verbirgt er einen älteren, noch größeren Verlust. Der alte Verlust war die Wurzel, die zur Frucht des gegenwärtigen Verlustes erblühte. Oftmals ist es schwer, einen Verlust loszulassen, weil es sich nicht lediglich um ein einzelnes Ereignis, sondern um ein ganzes Muster handelt. Genau aus diesem Grunde besteht jedoch die Möglichkeit, das ganze Muster zu heilen, indem der gegenwärtige Verlust wirksam behandelt wird. Was sich immer wieder bei der Arbeit mit dem Unbewußten in der therapeutischen Arbeit gezeigt hat, ist, daß Traumata in unserem Leben nicht einfach geschehen, sondern eine Vorgeschichte haben. Und um so größer das gegenwärtige Problem zu sein scheint, um so größer ist der ursprüngliche Verlust empfunden worden.

Eine der verspäteten Entdeckungen in meinem eigenen Leben war die Tatsache, daß meine ersten Erfahrungen eines gebrochenen Herzens nach einer Beziehung Wiederholungen von früheren Erlebnissen mit gebrochenem Herzen aus der Kindheit waren. Später entdeckte ich, wie die ursprünglichen Situationen aufgelöst werden können, damit das Muster vollständig geklärt werden kann und damit spätere Verluste unnötig werden. Wenn du des früheren Verlustes gewahr bist und zur gleichen Zeit Trauerarbeit in bezug auf ihn machst, kannst du den Heilungsprozeß beschleunigen. Indem du den ursprünglichen Vorgang heilst, wird das Loslassen bei den späteren Vorkommnissen erheblich beschleunigt, wenn nicht gar ganz überflüssig werden.

Jeder Verlust ist eine unangenehme Erfahrung, aber kann zum Aufbau eines größeren Kraftpotentials und zum Erleben von mehr Glück herangezogen werden. Du kannst die notwendigen Lektionen lernen und dabei jedes Muster heilen, damit sich dein Leben zum Besseren hin verändert. Du kannst die gegenwärtige Situation dazu benutzen, ein wirklich besseres Leben zu schaffen, das sich von dem bisherigen deutlich unterscheidet. Es gibt ein spirituelles Prinzip, das besagt, daß alles, was geschieht, zu unserem Besten ist. Dies scheint auch im therapeutischen Sinne wahr zu sein, wenn wir davon ausgehen, daß Heilung und Evolution das ist, worum es im Leben geht. Denn obwohl es so scheint, als ob auf individueller als auch auf kollektiver Ebene Unglücksfälle geschehen, besteht der tiefere Sinn darin, daß dabei alte Muster aus der Tiefe sowohl des Unterbewußtseins als auch des unbewußten Geistes zwecks Heilung auftauchen können. Jede Gelegenheit zur Heilung zu nutzen, führt zur Auflösung der Abwehrmechanismen und zu einem besseren Leben. Die Probleme, nicht heilen zu wollen, bedeutet, das alte Muster in uns zu wiederholen und dadurch zu verfestigen.

Es bedarf jedoch äußerst wacher Aufmerksamkeit und erheblicher Reife, um zu erkennen, daß alles zu unserem Besten geschieht, vor allen Dingen in unserem eigenen Leben, da die erste Reaktion auf Verlust meist Depression, das Gefühl der Wertlosigkeit, Furcht, Gefühle des Versagens, Schuld und Traurigkeit sind. Das sind genau die Gefühle, die in den meisten Fällen bereits längere Zeit in uns vergraben waren und auf eine Gelegenheit warteten, um schließlich doch transzendiert zu werden. Eines der überraschendsten Dinge, die ich während der therapeutischen Tätigkeit lernte, war, daß gegenwärtige schmerzliche Gefühle großenteils bereits vorher im Unterbewußtsein vorhanden waren und die gegenwärtige Situation lediglich der Auslöser für die Wiederbelebung der alten Situation gewesen ist, wobei sehr wenig von dem Gefühl tatsächlich aus der aktuellen Situation stammte. Wenn wir uns nicht bewußt sind, was das Unterbewußte verbirgt, werden wir alle die vergangenen und gegenwärtigen Gefühle unter der Schirmherrschaft des gegenwärtigen Verlustes betrauern. Aber es bedarf wacher Aufmerksamkeit und großer Reife, um zu bemerken, daß es sich um alte Muster handelt. Eine Möglichkeit, sie wahrzunehmen, besteht darin, den Prozeß des Loslassens abzuschließen, damit du die nächste Ebene deines Lebens betreten kannst.

Übung

1. Wenn du an deinen gegenwärtigen Verlust denkst und dich nicht an das Erlebnis eines früheren Verlustes erinnern kannst, frage dich, in welchem Alter du möglicherweise bereits einen Verlust erlebt haben könntest. Frage dich dann, wer dabeigewesen sein könnte, als der Verlust eintrat.

Versuche nicht, darüber nachzudenken oder es herauszufinden. Erlaube, daß die Antworten dir in den Sinn kommen. Frage dich, was geschehen sein muß, um ein solches Verlustmuster zu erzeugen. Frage dich, was jeder, der an der ursprünglichen Szene beteiligt gewesen sein könnte, wohl gefühlt haben muß, um so zu handeln, wie er handelte.

In der Regel gibt es ein schmerzvolles Kerngefühl, das jeder gleichermaßen so empfand. Es ist das gleiche Gefühl, das Teil deines jetzigen Musters ist. Betrachte, wie dieses Muster dein Leben beeinflußt hat, entweder als schmerzliches Muster des Versagens oder als Muster, bei dem du kompensiertest, dich abtrenntest und unfähig warst zu empfangen. Schaue jetzt jeden aus der Szene an, frage dich, wie lange der Betreffende dieses Muster zeigte, wo es für ihn begann und wie es sich in seinem Leben in Form von Schmerzen oder als Abwehrmechanismus gegen Schmerz oder in Form von beiden zeigte.

Gehe in der Vorstellung zu der Szene zurück, in der dieser Schmerz für dich begann. Während du dir alle Menschen der Szene vorstellst, schaue hinter ihre Persönlichkeiten, hinter ihre Fehler und sogar hinter ihre Körper, bis alles, was du siehst, das Licht ihres göttlichen Funkens im Inneren ist. Stelle dir vor, daß das Licht in deinem Inneren sich mit dem Licht in ihrem Inneren verbindet, wobei du mit dem Menschen beginnst, dem du dich am nächsten fühlst. Stelle dir schließlich vor, daß ihr euch alle im selben Licht befindet.

Der einzige Grund, daß du in dieser Übung nicht völligen Friedens verspürst, könnte ein noch früherer Verlust sein, der verhindert, daß der jetzige geheilt wird. Wenn du keinen Frieden empfindest, frage dich, um welchen Verlust es sich handeln könnte, und wiederhole den Vorgang damit.

2. Wiederhole nun diesen Prozeß der Heilung mit Licht in deiner gegenwärtigen Situation, wobei du dich in dieser Erfahrung mit deinem ehemaligen Partner verbindest. Sieh über seine Fehler, seine Persönlichkeit, seinen Körper hinaus und spüre, wie das Licht in dir sich mit dem Licht in ihm verbindet.

3. Zum Schluß frage dich, ob es irgend jemand anderen aus der Vergangenheit gibt, den du nicht losgelassen hast, und wiederhole diesen Vorgang mit ihm.

20. Jeder Verlust verbirgt einen Ort Heiligen Feuers

Es wurde bereits gesagt, daß es bei jedem größeren Verlust einen früheren Verlust oder eine Erfahrung gebrochenen Herzens gegeben hat, die so schwerwiegend war, daß wir dann, wenn wir sie wieder erleben würden, in die Knie gezwungen würden. Es handelt sich hier um einen Bereich unseres Geistes, den ich „Heilige-Feuer-Schmerzen" oder „Läuterung im Heiligen Feuer" nenne. Es sind so schlimme Schmerzen, daß die Menschen es vorziehen, in Wut auszubrechen, statt sich selbst zu erlauben, diese Schmerzen zu spüren. Oder wir finden die übliche Masche, daß sie versuchen, davor wegzulaufen, oder den Menschen, der ihnen am nächsten steht, anzugreifen. (Wenn ich so schwer verletzt bin, muß es sein Fehler sein!) Diese Verteidigungsmechanismen funktionieren letztlich nicht. Beim Weglaufen ist der Schmerz noch immer da, allerdings jetzt unterdrückt. Indem wir jemandem, der uns nahe ist, eins auswischen, können wir uns manchmal vorübergehend von den Schmerzen befreien, indem wir dafür sorgen, daß jemand, der uns nahesteht, sie fühlt. Dieses Verhalten ist jedoch unaufrichtig und verbirgt wiederum das eigentliche Thema. Trotz allem gibt es auch dann, wenn wir solch übergroße Schmerzen empfinden, einen leichten Weg durch diese Gefühle, der funktioniert. Die Schmerzen sind üblicherweise so stark, daß sie uns verrückt machen, und sie tun so weh, daß wir glauben, sterben zu müssen. Statt dessen signalisieren diese Schmerzen, im rechten Licht gesehen, nicht Tod, sondern Geburt.

Was dabei geschieht, ist, daß zwei größere Fragmente unseres Geistes, die bei überwältigenden vergangenen Schmerzen zerbrochen sind, nun wieder zusammengebracht werden. Alle diese Schmerzen, die die Fragmente getrennt voneinander hielten, kommen hoch. Die schrecklichen Gefühle des Heiligen Feuers sind zerbrochene Herzen, Eifersucht, Terrorgefühle, Gefühle der Minderwertigkeit und des Nicht-gebraucht-Werdens, Hoffnungslosigkeit, Ärger/Wut/Gewalttätigkeit, Verzweiflung, Nichtigkeit, Leere, Einsamkeit und Gefühle, völlig verloren oder verflucht zu sein. Noch einmal, Heiliges Feuer ist identifizierbar aufgrund des Ausmaßes an Schmerzen. Du fühlst dich in die Knie gezwungen. Aufmerksames Gewahrsein ist einer der Schlüsselaspekte, um solch schrecklicher Pein zu entkommen. Sobald du die einfache, aber tiefgreifende Lösung vollziehst, wird der Schmerz transformiert. Es ist dieses Ausmaß an Schmerzen, das so beunruhigend und vereinnahmend ist, daß wir manchmal noch immer in den Schmerzen gefangen bleiben, obwohl wir die Lösung kennen. Der Schmerz ist in Wirklichkeit eine Form der Läuterung, der dann, wenn er durchlebt wird, zur Integration und Heilung eines umfassenden Aspektes des Denkens führt. Aber nur diejenigen, die emotional und in ihrem Reifeprozeß weit fortgeschritten sind, können es aushalten, das Problem auf diese Weise zu lösen. Die meisten von uns finden einen Weg, um sich von den Schmerzen abzuwenden, wobei sie „ungeboren" bleiben, noch immer gespalten und wiederum abgetrennt sind.

Einmal war ich in „Schmerzen-Heiligen-Feuers" vier Tage lang steckengeblieben; so tat ich das, was ich gewöhnlich tue. Ich experimentierte mit vielen verschiedenen Heilungsmethoden, um herauszufinden, welche die beste ist. Ich beobachtete mich auch selbst, wie ich versuchte, davor wegzulaufen, und auch, es meiner Frau zuzuschieben. Natürlich funktionierte das nicht. Während ich weiter probierte, stellte ich fest, daß einige Methoden halfen, den Schmerz aber nur teilweise zum Stillstand brachten. Ich fand andere Methoden, die funktionierten, aber sobald ich aufhörte sie anzuwenden, spürte ich wieder herzzerreißende Schmerzen. Zum Schluß versuchte ich es mit einer einfachen Führungsmethode: „Wenn ich Schmerzen habe, muß es jemanden geben, der eine noch größere Bedürftigkeit empfindet oder noch mehr Schmerzen hat als ich. Wer kann das sein?" Ich gab demjenigen, wer mir auch immer in den Sinn kam, meine Liebe. Das Ergebnis war, daß der Schmerz vollständig verschwand, und wenn ich aufhörte zu geben, dann setzte sich der Schmerz noch zehn Minuten fort, obwohl zuvor jedesmal schlimme Schmerzen nachgefolgt waren. Da die Läuterung durch Heiliges Feuer so lange dauerte, stellte ich fest, daß jedesmal, wenn ich die einfachsten Taten des Gebens oder Dienens ausführte, der Schmerz verscheucht wurde. Ich kochte das Mittagessen oder spielte mit unseren Kindern oder putzte das Haus, und ich hatte ein gutes Gefühl. Es schien, als ob der Schmerz wegbrannte, als ob der Boden brannte, und direkt darunter wallte der Schmerz weiterhin auf, um als Brennstoff für das Heilige Feuer zu dienen, aber ich fühlte Frieden, Liebe und Sanftheit.

Durch Geben wird der Schmerz transformiert. Er wird in eine Geburt durch „Heiliges Feuer" oder „Heilige Liebe" verwandelt oder in eine ihrer Formen wie Vision, Sinn, Kreativität, Kunst, Heilung, eine Gabe auf dem Niveau einer Vision oder Sexualität auf dem Niveau einer Vision, ein psychisches oder schamanisches Geschenk, Schönheit und Liebe. Wir können also von einem Ort des Rückzugs und einem Zustand der Begrenztheit und Einschränkung aus einer Ebene der Größe, des Vertrauens und der Kraft erreichen.

Es gibt Zeiten, in denen „Schmerzen-Heiligen-Feuers" durch ein äußeres Ereignis ausgelöst werden, oder es scheint so, als ob sie einfach aus dem Inneren aufwallen. Aber sie können leicht durch Geben und Dienen von einer Geburt Heiligen Feuers in eine Liebe Heiligen Feuers verwandelt werden.

Die einzige Zeit, in der dies nicht funktioniert, ist dann, wenn du dazu aufgerufen bist, eine kreative Arbeit zu leisten, die ein Geschenk für viele oder alle Menschen sein wird. Zu versuchen, lediglich einigen wenigen etwas zu geben, wird nicht ausreichen.

Ich wachte einmal mitten in der Nacht mit laut klopfendem Herzen auf. Ich war erschrocken. Es fühlte sich an, als ob es der Beginn des „Großen Einen" sei. Dann stellte ich fest, daß ich mich in Heiligem Feuer befand, und fragte, wer meine Hilfe benötige. Ein guter Freund und mein Vater kamen mir in den Sinn, worauf ich ihnen Liebe und Energie schickte. Obwohl das Gefühl nachließ, hatte ich es nicht im Griff, so daß ich anfing, meiner Frau, die neben mir schlief, Liebe zu schicken. Ich fürchtete mich immer noch, aber es hatte sich so weit gebessert, daß ich erkennen konnte, daß es etwas Neues über Heiliges Feuer für mich zu lernen gab. Als ich also in Gedanken bei der Frage verweilte, was es sei, kam mir die Eingebung, daß ich in Wirklichkeit jedem etwas geben sollte. Es kam mir in den Sinn, hinunter zu gehen und zu schreiben. Es war etwa zwei Uhr nachts, als ich hinunter ging, und ich schrieb fünf Stunden lang ohne Unterbrechung, wobei ich mich klar und schöpferisch fühlte. Es war wunderbar. Seitdem gibt es keine Probleme mehr mit der „Läuterung durch Heiliges Feuer", sobald ich erkenne, was geschieht.

Übung

Frage dich heute bei jedem Schmerz, den du fühlst, was du zu geben aufgerufen bist und wie du es tun sollst. Es kann so etwas Einfaches sein, wie Gedanken der Liebe und des Segens zu schicken. Es kann sein, daß du jemanden anrufen oder mit ihm auf irgendeine Weise in Kontakt treten sollst. Oder es kann sich sogar um ein kreatives Projekt handeln, das eine Gabe für viele Menschen sein würde. Heute verwandelt dein Geben deine Schmerzen in eine neue Geburt von Kreativität und Liebe.

21. Veränderung von Lebensmustern

Wir alle tragen in uns Muster für Erfolg im Leben, für mangelnden Erfolg und für Versagen. Diese Muster wollen wir nun untersuchen. Aufgrund unseres Themas werden wir auf die Muster in Beziehungen eingehen. Aber noch einmal, diese können für die Untersuchung anderer Lebensmuster abgewandelt werden. Stelle zuallererst fest, wie dein Leben bisher ausgesehen hat. Was für Gedanken es sind, die du ständig über deine Beziehung hast und dann anderen mitteilst. Wir behalten in unserem Inneren Muster von tief verwurzelten Erlebnissen, traumatischen und oft unterdrückten Erfahrungen zurück, die sich wie Bäume verzweigen und ausbreiten. Hast du dich jemals gefragt, warum deine Beziehungen niemals gut funktionieren? ... Oder warum es in deinem Sexualleben niemals sogenanntes Feuer gibt, egal, wer der Partner sein mag? ... Oder warum du immer verlassen wirst? ... Oder warum bestimmte Dinge dir immer wieder passieren?

Wir wollen uns deine Lebensmuster ansehen, indem wir nicht nur mit dem bewußten Verstand, sondern auch mit dem Unterbewußtsein arbeiten. Zuallererst solltest du wissen, daß deine Muster aus einem bestimmten Grund da sind. Sie sind da, um dich vor deiner Angst zu beschützen, das, was du hast, zu verlieren, um dich vor deiner Angst vor dem Unbekannten zu beschützen, um Gaben und Fähigkeiten zu blockieren, vor denen du dich fürchtest, um tiefergehende Schmerzen und unangenehme Muster abzuwehren, und schließlich sind sie da, um deine Verschwörung gegen dich selbst aufrechtzuerhalten. Deine Verschwörung gegen dich selbst hat den Zweck, dich zu blockieren, damit du dich selbst nicht erkennst, nicht deine Bedeutung wahrnimmst und dich von deiner Bestimmung fernhältst. Aus allen diesen Gründen liegt in einem Verhaltensmuster, das das eigene wahre Selbst bekämpft, keine letzte Wahrheit. Es gibt darin deshalb keine letzte Wahrheit, weil alle diese Muster verändert werden können. So sind diese Muster nicht die Wahrheit. Sie können aufgelöst und entfernt werden. Je größer dein Mut ist, den nächsten Schritt anzupeilen, um so leichter ist es, diese alten Lebensmuster aufzulösen. Dennoch ragt im Bereich der Ängste, den ich den Bereich der „Großen Ängste“ nenne, die Angst vor Erfolg ein wenig über die Angst vor dem Versagen hinaus. Wenn wir in den länger dauernden Workshops zur Kernursache von Problemen vorstoßen, taucht die Angst davor, alles zu haben, oder die Angst, glücklich zu sein, seltsamerweise als die ursprüngliche Angst auf.

Übungen, um Lebensmuster zu verändern

I. Erstelle eine Liste der Muster, die du beim vorliegenden Abbruch der Beziehung und in allen deinen Beziehungen feststellen kannst, z. B. das Muster „Beziehungen funktionieren nie".

Alle Männer sind ...
Alle Frauen sind ...
Sex ist nur ...
Ich werde immer verlassen.

II. Damit ein Muster existieren kann, muß es ein Glaubensmuster geben, das es aufrechterhält. Wenn du zum Beispiel immer derjenige bist, der in Beziehungen verlassen wird, dann können solch typische Glaubenssätze sein:

a) Ich bin nicht liebenswert.
b) Alle vom anderen Geschlecht sind Scheißkerle/Miststücke.
c) Mit mir stimmt etwas nicht.
d) Beziehungen sind tragisch.
e) Ich tauge nicht für Beziehungen.
f) Männer/Frauen sind nur an ... interessiert.
g) Man kann dem anderen Geschlecht nicht trauen.

Wenn du dich selbst ertappst, daß du an einen Glauben gebunden bist, hast du mehr als die halbe Schlacht geschlagen. Für jeden Glauben, den du nicht länger festhalten willst, damit er nicht weiter das Selbst abwehrende Muster unterstützt, sage: „Dieser Glaube ist nicht wahr. Dieser Glaube spiegelt ein Ziel wider, das mich von meinem tatsächlichen Ziel abhält. Was ich ab jetzt zu glauben wähle, ist ...".

Mit ein wenig Aufrichtigkeit ist dies alles, was nötig ist, um Glaubenssätze für einen bestimmten Bereich zu verändern. Wir tragen Hunderte von Glaubenssätzen über verschiedene The-

men wie Beziehungen in uns, aber bereits die Veränderung einiger weniger Kernsätze setzt die Veränderung des gesamten Musters in Gang.

III. Eine der Kernformen für Heilung ist aufmerksames Gewahrsein; eine Möglichkeit, das, was unterbewußt ist, ins Bewußtsein zu holen, besteht darin, ein Rollenspiel mit deinen Mustern durchzuführen. Du kannst dies mit einem Freund, der dich anleitet, mit Hilfe eines Videos oder eines Kassettenrecorders durchführen, vor einem Spiegel oder in deiner Vorstellung machen. Das Rollenspiel funktioniert folgendermaßen: „Nimm ein ‚klebriges' Muster. Wir wissen, daß dieses Muster dir nicht gefällt. Aber wir wollen dennoch das Unterbewußtsein durchforsten, weil das Muster nicht haben wollen nicht bedeutet, daß es dadurch bereits aufgelöst ist.

Wir wollen annehmen, daß du dieses Muster willst. Wir wollen annehmen, daß du es nur deshalb willst, um einen anderen bei guter Laune zu halten. Und während du von dieser Annahme ausgehst, frage dich: „Wie kommt es zu diesem Muster? Warum möchte ich, daß die Sache so ist?" Vertraue auf das, was dir in den Sinn kommt. Übertreibe das Muster. Agiere es aus. Erforsche intensiv diese Seite deines Denkens und Fühlens.

a) Was ist das Ziel dieses Musters oder wie zahlt es sich aus?

b) Was brauchst du wegen dieses Musters nicht zu tun?

c) Was ermöglicht es dir zu tun?

Während du dir bewußt wirst, was dein Unterbewußtes auswählt, kannst du bewußt einige neue Möglichkeiten wählen, die dir mehr dienen.

IV. Benutze für diese Übung deine Intuition und beobachte, was in deinen Sinn kommt. Frage dich, ob du wissen darfst, wie alt du warst, als dieses Muster für dich seinen Anfang nahm?

Frage dich, wer beteiligt war, als dieses Muster begann? Frage dich, was in dieser Situation passierte, als das Muster anfing? Welche Glaubensvorstellungen kamen über diese Situation zum Vorschein? Wenn du Schwierigkeiten hast, irgendeine dieser Antworten intuitiv zu erfassen, dann rate einfach.

1. Stelle dir nun vor, daß du den größten Meister oder Lehrer hast, den du dir vorstellen kannst, selbst jemanden wie Jesus oder Buddha, und daß dieser, egal, wer es sein mag, (sogar du selbst, wenn es notwendig ist) die Kraft hätte, die Situation völlig in eine geheilte und glückliche zu verwandeln.

2. Nach etwa zwölf Jahren intensiver therapeutischer Erfahrung, stellte ich fest, daß es immer dann, wenn eine traumatische Situation im Alter zwischen vier und sechs Jahren aufgetreten war, ein korrespondierendes Trauma im vierten oder fünften Schwangerschaftsmonat der Mutter gab. Wenn zum Zeitpunkt der Geburt ein Trauma aufgetreten war, ging die Wurzel auf den Zeitpunkt der Empfängnis zurück. Noch einmal lade diesen Meister ein, damit er die Familie in dieser entsprechenden Situation, als du dich im Mutterleib befandest, wieder ins Gleichgewicht bringen kann, bis jeder Beteiligte sich geheilt und glücklich fühlt.

Ich habe immer festgestellt, daß dieses Heilen/Ausbalancieren durch diese Methoden der Intervention ganz natürlich geschieht, es sei denn, es gibt eine noch frühere problematische Situation; diese kann dann das Ganze blockieren.

V. Stelle dir für jedes einzelne Muster die folgenden Fragen:

1. Wovor beschützt dieses Muster mich? Wie funktioniert dieser Schutz?

2. Was versuche ich durch dieses Muster zu beweisen? Was immer du zu beweisen versuchst, glaubst du selbst nicht so ganz, so daß du eine Menge Energie aufwenden mußt, um es zu beweisen. Wem versuchst du es vor allem zu beweisen?

3. An wem übst du durch dieses Muster Vergeltung? Es ist immer jemand außer dir selbst. Lohnt es sich, sich selbst zu verletzen, um den anderen zu treffen?

VI. Welche Gabe oder Begabung vermeidest du, indem du dieses Muster hast? Würdest du dieser Gabe erlauben, aus dir herauszufließen und dich zu erfüllen? Stelle dir vor, daß das geschieht.

22. *Das Wesen von Vergeltung*

Vergeltung funktioniert nicht. Sie ist ein Versuch, jemand anderem das gleiche zurückzuzahlen, was er dir deiner Meinung nach angetan hat. Vergeltung kann ein aktiver Angriff auf einen anderen Menschen sein, oder sie kann die Form annehmen, daß du dich selbst verletzt, um dadurch den anderen zu treffen. In Wirklichkeit enthält jedes Problem, jede Krankheit, jeder Mißerfolg oder jeder Unfall im Kern Aspekte von Vergeltung, bewußt oder unterbewußt. Aber Vergeltung funktioniert nicht. „Wenn du mit dem Schwert lebst, wirst du mit dem Schwert umkommen." Und nicht nur das, sondern Vergeltung befriedigt dich nicht. Sie ist der Versuch, eine ursprüngliche Verletzung wiedergutzumachen oder sie abzuwehren; aber dies gelingt ihr nicht.

Wir wollen das Beispiel einer Beziehung nehmen. Du fühlst dich verletzt aufgrund dessen, was ein anderer dir angetan hat, und du hast das Gefühl, daß er dich ablehnt. Aber in den meisten Fällen wurdest du nicht abgelehnt. Er hat das, was er tun mußte, für sich selbst getan oder als Bestandteil eines Machtkampfes mit dir. Aber dabei handelte es sich auf seiner Seite eher darum, daß er es als notwendig erachtete, die Kontrolle zu behalten, und nicht, dich zurückzuweisen.

Ich habe in jedem der vielen tausend Fälle, mit denen ich gearbeitet habe, festgestellt, daß dieses Prinzip am Werk war. Insofern ist die Annahme, daß Vergeltung in einer Beziehung jemand anderen treffen kann, weil er dich zurückgewiesen hat, nicht haltbar. Wir fühlen uns verletzt oder zurückgewiesen, wenn wir etwas, was der andere sagt oder tut, nicht akzeptieren können. Diese Ablehnung oder dieser Widerstand auf unserer Seite erzeugt unsere Schmerzen. Daraufhin versuchen wir, aufgrund unserer Schmerzen den anderen zu verletzen oder uns selbst zu verletzen, um den anderen dadurch zu treffen. Kein schönes Bild. Menschen tun das, was sie tun, aufgrund dessen, was sie fühlen, und was sie fühlen, brauchen sie. Es geschieht nicht bewußt und ist nicht auf den betreffenden Menschen gemünzt (selbst wenn es ausdrücklich so gesagt wird), wenn ein Mensch einen anderen zurückweist, es sei denn, daß das Ganze zu einem rachsüchtigen Machtkampf ausgeartet ist, und dann hat das, was jemand tut, mehr mit dem Kampf zu tun als damit, daß die Person des anderen zurückgewiesen werden soll.

Zweitens finden wir in dem Moment, wo wir mit dem Unterbewußtsein Kontakt aufnehmen, andere Prinzipien, die dem Bedürfnis nach Vergeltung zugrunde liegen. Das erste Prinzip ist dieses: Niemand kann dir irgend etwas antun, was du dir nicht bereits selbst antust. Wenn du also das Gefühl hast, daß jemand dein Herz bricht, hast du bereits dein eigenes Herz gebrochen. Wenn du das Gefühl hast, daß die anderen dich ausgenutzt haben, liegt das daran, daß du dich auch selbst ausgenutzt hast. Interessanterweise wird es dann, wenn der unterbewußte Anteil in dir selbst geheilt ist, leicht, zu vergeben und schmerzvolle Situationen loszulassen.

Das zweite Prinzip beruht auf dem Satz: „Was du säst, wirst du ernten". Es besagt: „Niemand kann dir irgend etwas antun, was du nicht bereits selbst dem Betreffenden oder anderen angetan hast". Diese Prinzipien haben zu einigen höchst dramatischen Sitzungen geführt, die ich mit Klienten hatte, als ich mit der unterbewußten Ebene arbeitete. Es ist indes leicht einzusehen, warum wir das Material des Unterbewußtseins vor uns selbst verborgen halten, denn es ist äußerst provozierend. Aber es ist auch sehr heilsam, wenn du ein anderes Prinzip im Sinn behältst, das lautet: „Du und jeder andere Mensch sind im Grunde unschuldig". Wir fühlen sicherlich manchmal nicht, daß wir oder andere unschuldig sind; wenn jedoch dieses Prinzip näher untersucht, wirklich verstanden und dann angewendet wird, bleibt kein einziger Klient oder Seminarteilnehmer, der nicht befreit würde. Wir wollen uns noch einmal das folgende Prinzip anschauen: „Niemand kann dir etwas antun, was du nicht dem Betreffenden in der Beziehung angetan hast oder was du anderen im allgemeinen antust". Hier ist ein klassisches Beispiel. Wenn du das Gefühl hast, daß andere dich benutzen, dann benutzt du sie, (um dich selbst zurückzuhalten). Wenn du das Gefühl hast, daß andere dich zurückweisen, dann weist du sie zurück (für das, was sie tun). So übst du in Wirklichkeit jemand anderem gegenüber für etwas Vergeltung, was du selbst auf ihn projeziert hast.

Vergeltung verfehlt den entscheidenden Punkt. Sie bewirkt, daß das Leben sich um ein Problem statt um uns selbst dreht. An diesem Punkt geraten Wachstum, Heilung und Glück ins Stoppen. Glücklichsein ist die beste Vergeltung, denn es ist keine Vergeltung. Niemand kann glücklich sein, solange es Vergeltung gibt. Das beste, was du von Vergeltung bekommen kannst, ist selbstgerechte Schadenfreude. Wenn es dazu kommt, daß du dich selbst verletzt, um einen anderen zu treffen, ist das in Wirklichkeit eine Form des Masochismus. Vergeltung ist Angst unter dem Deckmantel der Aggression. Glücklichsein ist das Nebenprodukt von Liebe, Intimität und Verbindung. Vergeltung dagegen ist eine Form des Angriffs, die weiterhin trennt und das wirkliche Thema verfehlt.

Vergeltung ist eine der entscheidenden, aber verborgenen Dynamiken jedes Problems. In der gleichen Weise war das Zerbrechen deiner Beziehung eine Form der Vergeltung an jemandem aus deiner Vergangenheit, wie einem Elternteil oder einem früheren Partner, und außerdem eine Form der Vergeltung an demjenigen, mit dem du soeben durch emotionale Erpressung gebrochen hast. Wir alle haben in der Regel schäbige kleine Tricks, die wir in zwischenmenschlichen Beziehungen benutzen, um Kontrolle zu erlangen oder aufrechtzuerhalten. Dies sind Stellen, an denen wir in Schmerzen gefangen sind und andere zu kontrollieren suchen, um die Schmerzen zu stoppen. Diese Formen der Kontrolle funktionieren natürlich nicht, aber sie blockieren uns durch unser Leiden oder dadurch, daß wir andere leiden lassen und halten uns in einem Stadium der Unreife fest.

Vergeltung ist eine extreme Form des Festhaltens. Sie ist eine Fortsetzung des Machtkampfes, der zu dem Bruch führte, mit dem alles begann. Machtkampf ist eine Form der Konkurrenz, der den nächsten Schritt verhindert, indem er den Kampf auf den Partner oder ehemaligen Partner konzentriert, als ob dies das wirkliche Thema wäre, statt voranzuschreiten. Vergeltung kann die Form aktiver oder passiver Aggression annehmen. Passive Aggression kann zu einer Gestalt von emotionaler Erpressung werden, z. B. dadurch, daß man sich verletzt fühlt und sich dann als Opfer ausgibt. Das Opfer eines anderen zu sein ist das gleiche, als ob du dich selbst auf sein gezogenes Schwert wirfst, um ihn als Mörder hinstellen zu können. Es ist eine Form der Aggression, die erklärt, daß der andere nicht so ein guter Mensch sein kann, wenn er dir dieses angetan hat. Du wirst für immer blutend auf seiner Türschwelle bleiben, als Zeichen dafür, was der andere für ein fürchterlicher Mensch ist. Diese aggressive Haltung basiert auf der Frustration von Bedürfnissen statt auf Liebe und lenkt unsere Einstellung in die falsche Richtung. Sie kann dazu führen, daß jemand sich sehr lange Zeit festklammert und dabei vermeidet, sein eigenes Leben zu leben. Dies geschieht durch den ständigen Versuch, sich an dem anderen zu rächen, und dadurch kommt der Betreffende unausweichlich immer wieder auf seinen ehemaligen Partner zurück. Vergeltung funktioniert weder für dich noch für irgend jemand anderen.

Auf der Ebene des Unterbewußtseins spiegeln dein ehemaliger Partner, du und jeder andere an der Geschichte Beteiligte Teile deines eigenen Geistes wider. Jemanden auf der äußeren Ebene anzugreifen heißt, daß ein Teil deines Geistes einen anderen Teil angreifen will. Alle Konflikte sind infolgedessen „intrapsychische“ Konflikte. Während Vergeltung vorgibt, eine gewisse Befriedigung zu verleihen, ist sie so, als ob du in deine Nase beißt, um dein Gesicht zu ärgern.

Es gibt Zeiten, in denen wir so verärgert sind, daß es uns schwerfällt, etwas anderes zu tun, als zurückzuschlagen. Wie der bekannte Autoaufkleber besagt: „Laß sie los. Wenn sie nicht zu dir zurückkommen, jage sie und töte sie“. Es gibt Zeiten, in denen wir uns alle mit dieser Feststellung identifizieren können oder könnten. Es ist wichtig, daran zu denken, daß Ärger andere schmerzliche Gefühle verbirgt, und wenn wir mit jenen Gefühlen, vor denen der Ärger uns bewahrt, wieder in Kontakt kommen, scheint der Ärger zu verschwinden. Wenn die anderen Gefühle wirklich gefühlt werden, erlauben sie uns eine Bewegung nach vorne und die Entfaltung unseres Lebens. Physiologisch dauert eine Reaktion des Ärgers viereinhalb Minuten an. Danach sind wir es selbst, die die Feuer des Ärgers füttern. Wenn wir anfangen würden, neugierig zu werden, um herauszufinden, welchen Schritt wir gerne vermeiden wollten, könnte es möglich sein, daß wir uns von unserer selbstgerechten Empörung entfernen und untersuchen, was tatsächlich geschehen ist.

Übung

I. Untersuche, erforsche und „verbrenne" alle Gefühle, die unter deinem Ärger verborgen sein könnten und deinen Wunsch nach Vergeltung aufrechterhalten wie Trauer, Schmerzen, Gefühle der Zurückweisung, Schuldgefühle, Frustration, Gefühle der Wertlosigkeit usw.

II. Sieh dir alle Menschen an, die an der Situation beteiligt sind. Stelle dir vor, daß alle wichtigen Leute einen unterbewußten Teil deines Geistes widerspiegeln, einen, den du selten als zu dir gehörig ansiehst. Du siehst das „Du" in der Situation lediglich als dich an und die anderen in der Situation lediglich als „sie selbst" an. Diesmal jedoch stelle dir vor, daß sie alle Marionetten oder Teile deines eigenen Geistes sind. Sie sind lediglich Teile deines Wachtraumes, und du kannst erkennen, daß alle Aspekte deines Traumes lediglich dich selbst widerspiegeln. Wenn zum Beispiel dein Freund dich verlassen hat und jetzt eine Beziehung zu einer anderen Frau hat, dann stelle dir vor, daß das „Du" Teil von dir ist, „der Freund" Teil deines Geistes ist und „die Frau", mit der er eine Beziehung hat, ein anderer Teil deines Geistes ist.

2. Untersuche, ob dies zu irgendwelchen vergangenen Beziehungen oder alten Familienmustern paßt.

3. Sieh dir die Geschichte an, die dieses Muster ständig erzählt. Was ist der Zweck oder der Nutzen dieser Geschichte? Was versucht sie in bezug auf dich, das Leben, das andere Geschlecht usw. zu beweisen?

a) Wie kam es dazu?
b) Was wird durch das Muster vermieden?
c) An wem übst du Vergeltung?
d) Möchtest du diese Vergeltung fortsetzen, um dich selbst und die Wahrheit zu vermeiden?

4. Meditation: *Stelle dir alle Menschen, die an diesem Muster beteiligt sind, als lebensgroße Modelle vor. Stelle sie dir vor! Sieh sie! Spüre sie! Höre sie! Fühle so lebendig wie möglich, wie alle diese Modelle wegschmelzen zu reiner Energie und zu Licht – den grundlegenden Bausteinen des Universums. Stelle dir nun vor, daß die ganze Energie zusammenströmt. Laß diese Vorstellung sich ganz natürlich entfalten. Manchmal kommt diese Energie als Energieball zusammen, und manchmal nimmt diese Energie eine neue Form aus all den zusammenschmelzenden Modellen an.*

23. Loslassen und das Höhere Selbst

Ich bin Doktor der Psychologie, eine Mischung aus Künstler und Wissenschaftler des menschlichen Geistes, mit einem Hang zur Therapie. Aber ich habe zuviel innerhalb und außerhalb der therapeutischen Situation erlebt, um eine Höhere Macht zu leugnen, unabhängig davon, welcher Name ihr gegeben wird. Außerdem gibt es eine Macht im menschlichen Geist, die Magie und Wunder vollbringen kann. Ich habe mich der Aufgabe gewidmet, diesen Teil unseres Geistes kennenzulernen und zu nutzen. Egal, ob er Kreatives Selbst, Höheres Mental oder Heiliger Geist genannt wird, seine Bedeutung wird dadurch nicht verringert. In diesem Kapitel will ich den Begriff „Höheres Selbst“ benutzen. Du kannst den Namen benutzen, der dir angenehm ist. Dabei handelt es sich um einen Teil unseres Geistes, der das Leben leichtmacht. Wenn du allerdings nur das zweitbeste im Leben willst, dann versuche es mit der Psychologie. Das beste ist immer „Gnade“.

Ich habe eine Menge Dinge in den zwei Jahrzehnten therapeutischer Tätigkeit und meiner Reisen als Erforschender des menschlichen Geistes entdeckt. Eines davon ist, daß alles nur dann schwierig ist, wenn du versuchst, es selbst zu tun. Dabei handelt es sich um eine häufige Krankheit von unabhängigen Menschen. Wechselseitig voneinander abhängige Menschen dagegen arbeiten beträchtlich mehr, da sie mit anderen zusammenarbeiten und außerdem mit Gnade arbeiten. Nicht daß es dabei nicht auch für jeden Probleme gibt, aber die „interdependenten“ Menschen, jene Menschen, die das Gesetz von Geben/Empfangen kennen und respektieren und die wissen und anerkennen, von anderen abhängig zu sein, erinnern sich bald daran, nicht alles selber tun zu wollen. Das machen Menschen nur dann, wenn sie versuchen, etwas zu beweisen. Gesunde Menschen sind auf gesunde Weise mit anderen und mit dem Höheren Selbst verbunden. Sie haben die besseren Beziehungen und die größere

Fähigkeit zu empfangen. Jede Verhaftung, die du auflöst, führt dich mehr und mehr zur Interdependenz und zu einer „Wieder-Verbindung“ mit anderen oder zum Verstehen verlorener Bindungen. Es gibt kein Leid, das nicht von Verhaftung herstammt, und es gibt keine Angst, die nicht Verlustangst ist. Je stärker du mit dem Höheren Selbst verbunden bist, um so mehr lebst du ein Leben in Leichtigkeit und Gnade in dem Wissen, wieviel befriedigender und erfolgreicher es ist, schöpferisch statt angebunden zu sein.

Es macht nichts, ob du ein religiöser oder spiritueller Mensch bist oder ob du ein Agnostiker oder ein Atheist bist. Es kann sein, daß du an nichts glaubst. Gut! Glaube an nichts! Aber sei neugierig in bezug auf das, was ich dir zeigen will. Überprüfe es! Forsche nach! Du hast nichts zu verlieren (außer daß du nicht recht hast mit deiner Sicht, wie die Welt ist) und viel zu gewinnen. Zeit einzusparen ist das allerwenigste dabei. Ich habe Situationen mit Klienten in meiner Praxis erlebt, bei denen ich dachte, daß es ein oder zwei Jahre dauern würde, bis das Problem gelöst sei. Ich habe Situationen erlebt, bei denen es normalerweise Wochen oder Monate dauert, um sie zu verändern, bei denen es dann nur ein oder zwei Stunden oder ein oder zwei Wochen dauerte, um das Problem zu lösen. Ich habe Situationen erlebt, die normalerweise eine Menge therapeutischer Arbeit erfordern, die sich mit Hilfe des Höheren Selbst schnell, leicht und ohne Probleme gelöst haben.

Wir alle haben eine Vorahnung von diesem „Höheren Selbst“ aufgrund von Intuition, Inspiration und Vision. Der Zustand der Vision, der beständige Inspiration ist, fühlt sich an, als ob man verliebt ist, und fühlt sich an wie Kreativität. Der Zustand der Meisterschaft, der einer Rückkehr zur eigenen Mitte, zur Unschuld und zu Wundern ist, ist ein Ort, an dem die Antworten zu uns kommen, wenn sie benötigt werden, wobei du die Stimme des Höheren Selbst hörst, das dich immer leitet. Jedesmal wenn du diesen Kontakt herstellst, steigert sich das gute Gefühl und erweitert sich die Fähigkeit aufmerksamen Gewahrseins.

Die Aufgabe deines Höheren Selbst besteht darin, Probleme für dich zu lösen, dir Antworten zu geben, dir aus anscheinend unlösbaren Situationen herauszuhelfen. Die meiste Zeit wollen wir die Dinge selber tun, indem wir unseren alltäglichen Verstand benutzen. So haben wir wenigstens die Kontrolle, auch wenn die Situation miserabel ist. Und es lohnt sich, diese Kontrolle zu haben, nicht wahr? Es ist gut, nicht wahr?

Es könnte sehr leicht sein, in diesen Situationen loszulassen. Du könntest sie in die Hände deines Höheren Selbst legen. Festhalten ist tatsächlich lediglich ein Weg, dich vor dir selbst zu verbergen, vor deinem Selbst. Wer bist du wirklich? Und für welche Aufgabe bist du hierher gekommen? Was hast du versprochen, bevor du hierher kamst? Wozu wolltest du etwas beitragen? Festhalten ist eine Falle, deren Zweck es ist, dich solange wie möglich zurückzuhalten. Und wenn du Zeit verschwendest, verschwendet die Zeit dich. Verschwende dich nicht länger selbst! Es lohnt sich nicht. Es ist Zeit, noch einmal zu beginnen. Ja!

Es wird neue Probleme in der Zukunft geben, aber es wird ebenfalls neue Anfänge und neue Freuden geben. Heute ist ein Tag, um einen neuen Anfang zu machen, wie klein er auch sein mag. Heute ist ein Tag anzufangen. Heute ist ein Tag, um der Gnade zu erlauben, dir zu helfen. Kreativität heißt nicht, daß du so viel „tust“, sondern daß sie durch dich „tut“. Erlaube dir heute, daß durch dich alles Gute getan werden kann.

Übung

1. Übergib denjenigen, den du gerade jetzt loslassen willst, egal, wer es ist, in die Hände des Höheren Selbst. Du kannst dir dieses Loslassen vorstellen, es fühlen oder spüren. Du kannst daraus ein Gebet machen oder lediglich hören, wie du selbst die Worte sprichst. Wenn das geschieht, entsteht überlicherweise ein Gefühl des Friedens oder eines Geschenkes, das du zurückerhältst. Mache es dir selbst leicht, übergib es deinem Höheren Selbst.

2. Übergib nun deine Zukunft deinem Höheren Selbst. Lege heute alle Angst, Sorgen, Kummer, Depression, Schuld und schlechten Gefühle in die Hände deines Höheren Selbst.

24. Das Schlechte loslassen, das Gute loslassen

Wenn du bereits einmal eine Situation erlebt hast, in der du losgelassen hast, wirst du wahrscheinlich wissen, daß du zuerst das Schlechte und dann das Gute losläßt. Zuerst und vordringlich erkennst du, daß du an dem festhältst und dich von dem gefangennehmen läßt, was die Beziehung an Schmerzlichem mit sich gebracht hat. Du wirst an den Problemen, den schlechten Gefühlen und den Beschwerden arbeiten. Aber nach einer Weile rücken diese in eine andere Perspektive und drücken dich nicht länger oder sind nicht mehr schmerzlich. Du bist durch die Schmerzen hindurchgegangen und hast irgendwie das, was dich zurückgehalten hat, aufgelöst.

Was nun hochkommt, ist etwas gänzlich anderes, es sei denn, daß die Beziehung total negativ war. Du stellst fest, daß du nun an all die guten Dinge denkst. Und es ist in der Regel schwerer und dauert länger, das loszulassen, was du geliebt hast. Es mag daran liegen, daß wir daran gewöhnt sind, uns ständig mit den schlechten Dingen zu beschäftigen, aber es sieht so aus, als ob es schwerer ist, den guten Dingen in einer Beziehung beizukommen.

In den meisten Beziehungen ist es das Gute, an dem festgehalten wird, lange, nachdem der andere gegangen ist, und es sind die guten Dinge, an die wir uns am meisten klammern. Manchmal geschieht es, daß nach dem Tod eines Menschen der zurückgebliebene Partner diesen idealisiert und ihn fast zum Heiligen erhebt. Oftmals kannst du feststellen, in welcher Phase des Prozesses des Loslassens du dich befindest, indem du beobachtest, ob du an den schlechten Aspekten der Beziehung arbeitest oder an den guten Dingen.

Obwohl es wichtig ist, das Negative aufzulösen und loszulassen, damit sich kein Muster bildet, ist es ebenfalls wichtig, das Gute loszulassen, damit es sich in zukünftigen Beziehungen wieder manifestieren kann. Ob du etwas tust oder dir lediglich vorvorstellst, etwas zu tun, in deinem Geiste ist es das Gleiche. In deinem Geist zeigt es sich als Bild. Wenn du also an den guten Dingen einer vergangenen Beziehung festhältst, sagt dein Geist: „Nun, dieser Mensch besitzt diese Eigenschaft, also brauche ich sie nicht in einer neuen Beziehung“. Wenn also eine gute Eigenschaft nicht losgelassen wird, geschieht es oft, daß ein Mensch sie in einer neuen Beziehung nicht wieder erfährt.

Dies möge ein Anreiz für dich sein, das, was in deiner letzten Beziehung gut war, loszulassen. Auf diese Weise wirst du entweder jemanden mit den gleichen guten Eigenschaften finden, oder du wirst sie selbst verkörpern, so daß du sie geben und auf diese Weise empfangen und dich so an diesen Eigenschaften erfreuen kannst.

Übung

Mache heute Inventur von dem, was du an deinem ehemaligen Partner noch immer festhältst.

1. Mache zuerst eine Liste von allen negativen Gefühlen oder Situationen aus der Beziehung, an denen du noch festhältst, falls welche vorhanden sind.

2. Als nächstes mache eine Liste der guten Dinge in jedem Bereich, an denen du in bezug auf diesen Menschen noch festhältst.

3. Übergib diese in die Hände deines Höheren Selbst, um sie loszulassen (es sei denn, du hast eine andere wirkungsvollere oder bevorzugte Methode gefunden, dann benutze diese).

Habe nun das Vertrauen, mit neuer Offenheit, die sowohl guten Willen als auch Empfängnisbereitschaft in sich trägt, voranzuschreiten.

25. *Das Lächeln des anderen lächeln – das Geschenk der Beziehung*

Jede Beziehung, die ihr Potential erreicht, hält ein größeres Geschenk neben einer Vielzahl anderer Gaben für diejenigen bereit, die Teil von ihr sind. Manchmal ist das, was ein Mensch dir gegeben hat, so süß und so tiefgehend, daß es dein Leben für immer verändert hat. Die Liebe, die der andere dir gab, hat dein Leben als Mensch entscheidend verändert.

Manchmal scheint es einfach zu schwer zu sein, jemanden gehen zu lassen, obwohl der Betreffende seiner Wege gegangen ist. Dennoch wird das letzte Geschenk der Beziehung nur dann dir gehören, wenn du die Beziehung völlig losläßt. Dabei handelt es sich um die Fähigkeit, anderen das zu geben, was sie dir gaben. Paradoxerweise wird das, was sie dir gaben, dadurch, daß du losläßt, erst ein vollständiger Teil von dir. Dies bedeutet auf der Gefühlsebene, daß die Leere, die der andere durch seine Anwesenheit füllte, nun paradoxerweise durch Loslassen mit deinem eigenen Sein gefüllt wird und daß Einsamkeit verschwindet. Das Geschenk, was der andere dir gab, gehört dir. Es ist ein Teil des anderen Menschen, der sich zu dir ausweitete und der jetzt zu einem Teil von dir geworden ist. Es ist etwas, was du durch Empfangen gelernt hast. Du kannst es nun weitergeben und denselben Unterschied im Leben von anderen bewirken, der in deinem Leben gemacht wurde. Nun kannst du genauso die Freude des Gebens erfahren, wie du die Freude des Empfangens genossen hast. Manchmal wirst du das Lächeln des anderen in die Welt lächeln oder mit seinen Augen sehen, wenn du die Schönheit von irgend etwas wahrnimmst. Und während dieser neue Bereich des Lebens, den der andere dir gegeben hat, von dir weitergegeben wird, fühlst du den anderen und das Band, das ihn mit dir verbindet, unabhängig davon, wie die äußere Beziehung derzeit aussieht. Es ist in Ordnung, es ist gut so. Du wirst in das Leben schauen und das Lächeln des anderen lächeln, und es wird gut sein. Du wirst die Güte spüren, und du wirst die Wärme fühlen. Wertschätzung wird zu etwas Natürlichem. Es gibt ein Fließen, das in das Leben von euch beiden strömt, wenn du die Güte dessen, was der andere dir gegeben hat, erfährst und du dieses Geschenk selber weitergibst.

Übung

Habe heute den Mut, den anderen loszulassen. Stelle fest, daß es um dich herum Menschen gibt, die dasselbe Geschenk brauchen, das dir gegeben wurde. Du kannst es geben. Du kannst ihr Leben verändern. Wenn du das tust, wird euch beiden geholfen werden. Du hast die Wahl, dich zurückzuhalten, oder du kannst für die Menschen in deiner Umgebung wirklich eine Wandlung herbeiführen. Manchmal wird diese Veränderung genauso groß sein wie diejenige, die du selbst in deinem Leben erfahren hast. Willst du helfen? Wenn ja, wirst du ganz natürlich die Hilfeschreie hören. Ist dein Rückzug, dein Festhalten, dein Schmerz wichtiger, als anderen zu helfen? Jemand anderem wirklich zu helfen, wird euch beiden helfen.

Als ich in den letzten zehn Jahren begann, Prinzipien von Führungsqualitäten zu erforschen, fand ich heraus, daß es immer dann, wenn wir Schmerzen empfinden, jemanden gibt, der noch größere Schmerzen hat, auch wenn es nach außen nicht so scheint. Während du denjenigen mit den größeren Schmerzen unterstützt, wirst du von dem Problem, das dich bedrängt, befreit. Es beginnt sich zu lösen, und der Heilungsprozeß beginnt. Wofür willst du dich heute entscheiden, was du tun willst? Willst du in dieser Depression steckenbleiben, oder willst du dir die Frage stellen, wer deine Hilfe braucht? Beobachte, wer dir in den Sinn kommt, und gib ihm diese Hilfe. Wolltest du weiter in deinen Schmerzen versinken, wenn du wüßtest, daß das Leben eines anderen von deinem Geben abhängt? Was gegeben wird, kann eine große Veränderung herbeiführen, wenn du dich nur entscheidest zu geben.

26. Rollenspiele

Ein Rollenspiel ist ein Weg zu verstehen und auf diese Weise von dem Gefühl der Bedürftigkeit, von Schmerzen und Angst loszulassen. Es kann herangezogen werden, um auf wirksame Weise die Vorteile zu schaffen, die mit Voranschreiten verbunden sind. Diese Übung kann mit jedem vollzogen werden, mit dem du unerledigte Geschäfte hast, da Verständnis die Macht hat, zu erlösen.

Als erstes solltest du in Betracht ziehen, ob du einen Freund oder jemanden zur Verfügung hast, der dir dabei beistehen kann. Das Rollenspiel kann über das Telefon geschehen, aber es ist realistischer, wenn der andere persönlich anwesend ist. Wenn dies nicht mit jemand anderem durchzuführen ist, kannst du ausprobieren, ob du es hilfreich findest, deine Erfahrung auf Tonbandkassette oder Videokassette aufzuzeichnen.

Übung

1. Der erste Teil beginnt mit einer Vorstellungsübung, in der du die Augen geschlossen hältst. Führe sie zu einem Zeitpunkt durch, an dem ein größeres Mißverständnis mit dem betreffenden Menschen im Raum steht. Stelle dir vor, daß du seine Rolle einnimmst, dich mit ihm identifizierst. Spüre, wie es ist, seinen Körper zu haben. Erfahre und erlebe dies intensiv. Wenn du den Eindruck hast, seinen Körper vollständig zu spüren, dann stelle dir vor, wie es sich anfühlt, die Gefühle des anderen zu haben. Was sind das für Gefühle? Erlebe und empfinde sie alle. Wenn du den Eindruck hast, sie zu fühlen, dann stelle dir vor, wie es ist, wenn du die Gedanken der anderen Person hast. Woran denkt der andere? Was geht ihm ständig durch den Kopf? Versetze dich in dieses Erleben und diese Empfindung hinein. Wenn du den Eindruck hast, alle Gedanken vollständig zu denken, dann stelle dir vor, wie es ist, den ganzen Tag der andere zu sein. Laß dieses Erleben so realistisch wie möglich in dir aufsteigen und benutze dabei alle Sinne, um es dir vorzustellen. Stelle dir seinen ganzen Tag vor, vom Aufwachen bis zum Schlafengehen. Wenn du diese Übung abgeschlossen hast, dann schreibe alles auf, was du an Einsichten gewonnen hast, wie es sich anfühlt, wie der andere zu sein, und warum er so ist, wie er ist.

2. Der nächste Teil der Übung besteht darin, daß du dich noch einmal mit dem Menschen, von dem du dich lösen willst, identifizierst und deinen Freund darüber Fragen stellen läßt, was du an dem, was dein ehemaliger Partner getan hat, nicht verstehst. Wenn du niemanden hast, der dir dabei Hilfestellung leisten kann, dann kannst du die Übung auch alleine durchführen. Aber zuallererst mußt du wieder die Gefühle in dir aufsteigen lassen, die dein ehemaliger Partner empfunden hat. Denke daran, daß die Menschen handeln aufgrund ihrer Gefühle. Frage dich, wie lange er bereits dieses Gefühl gehabt haben muß, und auch, wann und wo dieses Gefühl zum ersten Mal auftrat. Wenn du beim Rollenspiel die Antworten intuitiv aufsteigen läßt, wirst du feststellen, daß Schicht um Schicht des Verstehens auftaucht. Es kann sein, daß du das Gefühl hast, diese Übung nicht machen zu können (oder dein Freund das Gefühl hat, daß er sie nicht machen kann). Alle die Gefühle, die mit deinem oder dem Gefühl deines Freundes zusammenhängen, daß ihr die Übung nicht durchführen könnt, sind in der Regel genau die, die deinen ehemaligen Partner bewogen haben, so zu handeln, wie er es tat. Fange an diesem Punkt an. Fahre fort, dir Fragen zu stellen oder erlaube, daß dir Fragen gestellt werden, bis du das Gefühl hast, zu einer Lösung gekommen zu sein. 20 bis 30 Minuten sind meistens eine gute Zeitdauer dafür. Du kannst sie noch weiter ausdehnen, wenn du auf noch weitere wichtige Ergebnisse nach dieser Zeit stößt.

3. Laß deinen Freund die Rolle deines ehemaligen Partners übernehmen. Laß ihn hören, fühlen, sehen und spüren, wie das Leben und die Beziehung für ihn als dein Partner war. Bitte ihn nun, intuitiv zu fühlen, was dein ehemaliger Partner erlebte, um so zu handeln, wie er es tat. Der Mensch, der dich dabei unterstützt, soll nicht so handeln und sprechen wie dein Partner. Aber er soll fühlen und beschreiben, wie es ihm als deinem ehemaligen Partner gegangen ist, so daß er so handelte, wie dieser es tat. Ansonsten kann das Rollenspiel in einen Machtkampf ausarten und jetzt auf die gleiche Weise zu einer Vermeidungsstrategie werden, wie es damals war. Nimm dir wieder 20 bis 30 Minuten dafür oder wähle eine längere Zeit, die du brauchst. Es ist ratsam, niemals länger als eine Stunde zu üben, es sei denn, daß du außergewöhnliche Ergebnisse erhältst; denn wenn du dazu neigst weiterzumachen, bis du ausgebrannt bist, ist dies lediglich eine andere Form der Vermeidung. Wenn du gute Ergebnisse erhältst, aber nichts Besonderes herauskommt und du dennoch weitermachen willst, dann wiederhole die Übung zu einem anderen Zeitpunkt. Sei dein eigener Schrittmacher.

27. Tue das Deinige

Das Beste, was ich aufgrund der Erforschung all der individuellen Denkweisen und Gefühle herausgefunden habe, ist, daß jeder einem Sinn dient ... einem Sinn, den nur du erfüllen und sein kannst. Im metaphorischen Sinne kann man sagen, daß es sich um ein Versprechen handelt, Veränderungen oder Verwandlungen zu verursachen, die dich selbst, deine Familie oder die Welt betreffen. Während du deine Lebensaufgabe erfüllst, findest du auch deine eigene Erfüllung. Während du dich selbst kennenlernst, zu deinem eigenen Selbst wirst und dich dahin weiterentwickelst, daß du dein bestes oder Höheres Selbst wirst, wirst du ein Kanal für die Gnade werden, so daß du auf natürliche Weise erfolgreich bist und andere damit einlädst und unterstützt, auf die gleiche natürliche Weise Erfolg zu haben.

Dein Loslassen erlaubt es anderen Menschen, die in ähnlichen Situationen gefangen sind, die Gnade des Loslassens zu empfangen. Deine Erlösung wird zu einem Kanal für Gnade. Deine Evolution klärt den Weg für jeden in deiner Umgebung, damit er voranschreiten kann. Wir sind mit den Menschen, die uns am nächsten stehen, in einer gewissen energetischen Konstellation aufs engste verbunden. Wenn einer aus dieser Verbindung sich nach vorne bewegt, ermöglicht dies allen anderen, sich nach vorne zu bewegen.

Dein Loslassen bewirkt, daß deine Kinder eine Lektion weniger auf die beschwerliche Weise lernen müssen. Denn jede von dir nicht gelernte Lektion geht auf deine Kinder über, damit diese sie, so wie du es zu tun gehabt hättest, auf beschwerlichere Weise lernen. Umfangreichere Lektionen zu lernen gleicht der Säuberung eines Minenfeldes, das deine Kinder zu durchqueren haben.

Dein Loslassen und Voranschreiten zur rechten Zeit ist ein Geschenk für die Welt. Dann gibt es ein bißchen weniger an Schmerzen, durch die andere Schmerzen verstärkt werden, und ein bißchen mehr an Fließen, das allen hilft zu fließen und sich zu entfalten. Dein Loslassen und dein innerer Fortschritt entfernen ein wenig mehr Schmerzen in der Welt und bringen entsprechend mehr Verständnis in die Welt. Heilung bringt dich dem Glücklichsein und der Verwirklichung deiner Ganzheit näher. Festhalten bringt dich noch mehr den Schmerzen und dem Tod näher. Dennoch braucht man Mut, um voranzuschreiten.

Alles kann im Leben geschehen, nicht nur die Schmerzen und die Einsamkeit, mit denen du dich selbst und dein Leben kontrollierst, sind möglich. Du kannst dir selbst Angst machen mit Gaben, die du empfängst, wie Leben und Liebe, und dir sogar Angst einjagen lassen von einer völlig neuen Art des Seins oder auch von dem Verlust derselben. Sind die Schmerzen und die Einsamkeit, mit der du dir selbst in bezug auf die Zukunft Angst machst, so unterschiedlich von den Schmerzen und der Einsamkeit, die du jetzt fühlst?

Das Leben aufzugeben und zu sterben, bringt niemandem etwas, während dein Voranschreiten ein Geschenk für dich ist, für diejenigen, die du liebst, für diejenigen, die du haßt, und für diejenigen, die leiden, weil sie dich leiden sehen, und für den ganzen Planeten.

Übung

Sieh heute jedesmal, wenn du an die Zukunft denkst, ihre Helligkeit, fühle und spüre sie. Dies ist eine Entscheidung, eine Entscheidung, alle deine Gedanken an Schmerzen zu verändern, um dich gut zu fühlen. Nutze im besonderen die Zeit, bevor du zu Bett gehst, und die Zeit kurz nach dem Aufwachen, um einen glücklichen Tag zu wählen. Sieh, wie die Zukunft sich erhellt, empfinde sie als frei, höre dich selbst sprechen, so wie du es tust, wenn es dir am allerbesten geht. Achte auf jedes Gefühl der Angst, der Einsamkeit, der Niedergeschlagenheit, auf Beschwerden oder sonst auf irgendeine Art schlechten Gefühls. Da jeder Gedanke, den wir haben, hilft, unsere Wirklichkeit zu erschaffen, ist es wichtig, nicht nur für unser Verhalten und unsere Gefühle Verantwortung zu übernehmen, sondern ebenso für unsere Gedanken.

Jedesmal, wenn du dich selbst bei einem Gedanken ertappst, der nicht glücklich, nicht erfüllt und nicht liebend ist, dann entscheide dich neu. Fühle und betrachte die Zukunft, selbst die nahe Zukunft, selbst morgen, als den Beginn eines völlig neuen Gefühls von Leichtigkeit, Freiheit und Spiel. Deine Gedanken sind die Befehlsformulare, die du ins Leben schickst, um das, was geschehen wird, zu bestimmen.

Wenn du von den Delikatessen des Lebens weiterhin nur ein „Mistbrötchen" serviert bekommst, dann erkenne, daß das nicht das ist, was du willst, und entscheide dich neu. Wähle das, was du vom Leben willst. Fülle das Befehlsformular aus. Es kann so einfach oder so kompliziert sein, wie du willst, aber denke daran, daß es nicht auf die Form, sondern auf die Qualität ankommt. Mit anderen Worten, entscheide dich nicht, daß du diese oder jenen als Freundin oder Freund haben willst. Entscheide dich, daß du wahre Liebe erfahren willst, und sei offen für das, was das Leben dir zuführt. Schau dir deine bisherige Erfolgsrate in bezug auf Glücklichsein an. Viele der Dinge, von denen du glaubtest, daß sie dir Glück bringen würden, haben es mit Sicherheit nicht getan. Entscheide dich einfach für Glück und beobachte, was das Leben bringt.

Die Methode ist einfach. Sieh, fühle und spüre, was du willst, und dann sende es in einer Art Erwartungshaltung aus. Allein diese Methode kann den ganzen Tenor deines Lebens verändern und dich weiterführen. Unabhängig davon, ob du jemals dein Unterbewußtsein danach erforscht hast oder nicht, ob du das bekommen hast, wovon du glaubtest, daß du es nicht willst; was du tatsächlich vom Leben bekamst, war das, wovon du glaubtest, daß es dir Glück bringen würde. Manchmal führte das allerdings zu einer gefühlsmäßigen Katastrophe. Entscheide dich, für was du willst, fühle es und laß es dann los. Das Leben wird dir bringen, was du bestellt hast . . . das, wovon du glaubst, daß du es haben kannst und wofür du dich entscheidest.

28. *Zielsetzung und Vertrauen*

Einer der Gegenpole zum Festhalten ist die Zielsetzung. Sich selbst Ziele zu setzen, entfernt den Druck der Erwartungen und Anforderungen an uns selbst. Es setzt außerdem ein Fließen in Gang, wo vorher Festhalten war. Mit der Zielsetzung legst du fest, wo du dich in einem Jahr, in sechs Monaten, in drei Monaten, in einem Monat, in einer Woche und morgen befinden willst. So gut du kannst, bewegst du dich auf dieses Ziel zu. Wenn du feststellst, daß du dein Ziel nicht erreicht oder es verpaßt hast, dann setze einfach das Ziel neu fest. Wo möchtest du dich morgen befinden? Was möchtest du dann fühlen? Wie soll die Welt für dich aussehen? Was möchtest du, was andere sehen sollen, wenn sie dich anschauen? Wirst du in der Lage sein, deinen ehemaligen Partner zu segnen, wenn du an ihn denkst, anstatt das Messer in deinem Herzen zu spüren? Wenn du ihn segnen kannst, bist du gleichermaßen gesegnet, und dein Leben bewegt sich weiter.

Vertrauen, eines der Kernprinzipien der Heilung, unterstützt sowohl die Zielsetzung als auch das Loslassen. Vertrauen heißt, die Macht deines Geistes anzuerkennen. Dein Geist ist so gestaltet, daß er auf etwas setzen muß, und du mußt entscheiden, worauf er setzt. Vertrauen heißt, deine Energie bewußt auf etwas zu setzen, wobei du das Wissen hast, daß es zu deinem Wohle funktionieren wird, unabhängig davon, wie die Sache im Moment aussieht. Die Macht deines Geistes kann sich auf Angst und auf Mißtrauen richten, wenn du ihn in diese Richtung hinlenkst, oder er kann sich auf Vertrauen und das Entfalten der Dinge zu deinen Gunsten richten, ob direkt oder auf paradoxe Weise.

Ich möchte zwei ähnliche Beispiele aus der Eheberatung anführen. In den letzten Jahren hatte ich zwei Ehemänner, die sich darüber beklagten, daß die besten Freundinnen ihrer Ehefrauen sie nicht leiden konnten und „Stunk“ (wie wir es in Hawaii nennen) über sie verbreiteten und sogar versuchten, die Beziehung zu zerstören. Dem einen empfahl ich, daß er der Situation vertrauen solle, und dem anderen riet ich, daß er der Situation, seiner Frau und deren Freundin vertrauen solle. Im ersten Beispiel, wurde die Freundin der Ehefrau, nachdem der Mann sein Vertrauen in die Situation gesteckt hatte, so rabiat, daß die Ehefrau sich von selbst von ihrer Freundin distanzierte und sich wieder mit ihrem Ehemann auf einer neuen Ebene ihrer Beziehung verband. Für das letztere Beispiel entfaltete sich die Situation in der Weise, daß die Freundin aufhörte, schlecht von ihm zu reden und später ihre Meinung über ihn völlig veränderte. Sie wurde zu einem der treuesten Freunde des Ehemanns und unterstützte sowohl ihn als auch die Beziehung. Seltsame Dinge sind da geschehen. Vertrauen bringt immer ein positives Ergebnis hervor.

Wenn du ein Ziel setzt, arbeitet die Macht deines Geistes in deinem Sinne, damit du deine Ziele mit Leichtigkeit erreichst. Es benötigt lediglich ein paar Augenblicke oder ein paar Minuten, wenn du es wünschst, wobei du dich einfach konzentrierst und deine Energie in die Verwirklichung deines Ziels steckst. Ähnlich wie beim Loslassen hilft dir Vertrauen, den Augenblick, in dem du mit leeren Händen dastehst, gerade nachdem du losgelassen hast, ohne Schwierigkeiten zu ertragen. Da jedoch die Natur ein Vakuum verabscheut, werden deine leeren Hände schon bald auf glückliche Weise gefüllt werden.

Vertraue auf das Loslassen. Vertraue auf das, was als Nächstes kommt. Wenn du vertraust, werden die Dinge sich im guten Sinne entwickeln. Vertrauen ist nicht Naivität, die eine Realität, die du verleugnest, übersieht. Sie ist eine Haltung, die in positiver Weise die Entfaltung der Situation durch die Macht deines Herzens und Geistes unterstützt.

Übung

1. Setze heute Ziele für das nächste Jahr, so wie es im Text vorgeschlagen wurde. Untersuche jeden Tag deine Ziele, vor allem diejenigen, die du dir täglich gesetzt hast. Erkenne, bis zu welchem Punkt du erfolgreich damit warst. Setze dann dein Ziel für den nächsten Tag neu fest.

2. Lenke dein Vertrauen auf deinen Prozeß des Loslassens und auf deine Zielsetzung. Vertraue dir selbst. Vertraue deinem ehemaligen Partner und vertraue allen anderen wichtigen Spielern in deinem Lebensdrama.

29. *Das zugeschriebene Drehbuch – Regeln für Beziehungen*

Menschen leben nach Regeln, Rezepten für bestimmte Situationen; Regeln, die wir für uns selbst gemacht und uns auferlegt haben. Wir leben nach Regeln, bis wir ein genügend hoch entwickeltes Bewußtsein erreicht haben, um unsere Regeln zu Prinzipien zu machen. Regeln sind Abwehrmechanismen, Entscheidungen, die aus schmerzlichen Situationen hervorgegangen sind. Sie sind dafür gedacht, uns von Schmerzen fernzuhalten. Das einzige Problem ist, daß Regeln die Eigenschaft haben, daß sie übertreten werden. Auf psychologischer Ebene zieht Verteidigung Angriff an und bringt genau das hervor, was wir zu verhindern versuchen. Regeln, die statisch sind, haben die Eigenschaft, unterbewußt genau das zu bestärken, was sie zu verhindern suchen. Der ungelöste Schmerz hinter jeder Regel bittet darum, herausgelassen zu werden. Je umfassender die Regel, um so größer die darunter verborgenen Schmerzen, die danach rufen, die Abwehrmechanismen wieder bewußt zu machen und dadurch die Möglichkeit zu schaffen, daß die unerfüllte Aufgabe schließlich erfüllt wird.

Wir sind aufgebracht in Beziehungen, weil der andere unsere Regeln gebrochen hat. Sehr oft teilen wir dem anderen nicht einmal unsere Regeln mit, sondern erwarten, daß der andere ein Gedankenleser ist. „Wenn er mich lieben würde, dann wüßte er Bescheid, oder dann würde er tun, was ich möchte, oder er würde nicht das tun, was ich nicht möchte ...“. Was also geschah, ist, daß der andere unsere Regeln verletzt hat, und das schmerzte. Jetzt ist es an der Zeit, die Schmerzen im Inneren aufzulösen und jene Regeln in Prinzipien zu verwandeln.

Als ich meine ersten Beziehungen begann, hatte ich eine Regel über Treue. Diese Regel wurde vielmals gebrochen, sehr zu meinem Kummer und meinem „schmerzlich gebrochenen Herzen“. Nachdem ich meine Lektion gelernt hatte und in meinen nächsten

Beziehungen etwas unabhängiger geworden war, hatte ich keine Regel mehr über Treue, sondern nur eine über Aufrichtigkeit. Natürlich gab es in den Beziehungen weder Treue noch Aufrichtigkeit. Aber die Untreue tat nicht weh, nur die Unaufrichtigkeit. Im Gegensatz zu Regeln sind Prinzipien flexibel, vibrierend und laden zur Kommunikation statt zu Machtkampf und gebrochenem Herzen ein.

Du hattest eine Vorstellung darüber, wie die Beziehung zu sein hatte, und dein ehemaliger Partner ist diesem Drehbuch, das du ihm zugeschrieben hattest, nicht gefolgt. Er war nicht willens, einem Drehbuch zu folgen, das nicht von euch gemeinsam verfaßt worden war. Noch einmal, wir können nur dann aufgebracht sein, wenn jemand dem Drehbuch, das wir ihm zuschreiben, nicht folgt. Die meiste Zeit lassen wir ihn nicht einmal klar wissen, wie seine Rolle tatsächlich aussieht. Und noch häufiger schreiben wir ihm die tragende Rolle für unseren Ruhm zu. Selbst wenn es so scheint, als ob die anderen das größte Stück vom Kuchen abbekämen, gibt es üblicherweise nur einen Helden, und das sind natürlich wir selbst. Es ist wichtig, diese Dinge zu lernen, denn die Tendenz zur Kontrolle im Stadium des Machtkampfs oder die subtilere Kontrolle im Stadium des toten Punktes hat immer eine schädliche Auswirkung auf Beziehungen. Es ist lediglich eine Maske für unsere eigenen Ängste. Es ist wichtig, daß wir diese Angst jetzt verarbeiten und die Regeln und Vorstellungen in Prinzipien und gemeinsame Kreativität verwandeln.

Übung

1. Erstelle eine Liste der wichtigeren Regeln, die du bei deinen Beziehungen anwendest. Frage dich intuitiv, wann du diese Regel aufgestellt hast, mit wem sie aufgestellt wurde und unter welchen Umständen.

Bitte dein Höheres Selbst, dich und alle diejenigen, die an der Situation beteiligt sind, in ihre Mitte zurückzubringen, damit ihr alle Frieden, Ganzheit und Gnade erfahren könnt.

Triff eine neue Entscheidung, jede Regel in ein Prinzip zu verwandeln. Wie heißt das Prinzip jetzt?

2. Untersuche das Drehbuch, das du deinem ehemaligen Partner zugeschrieben hast, und was daraus wurde. Sei willens, es loszulassen und auch alle Träume, die du an deine Vorstellung geheftet hattest. Paradoxerweise haben deine Träume eine viel größere Chance, wahr zu werden, wenn du sie losläßt. Dein Drehbuch ist dein Plan für Glücklichsein in Beziehungen. Untersuche aufrichtig deine Erfolgsrate für Glücklichsein in Beziehungen. Sei jetzt willens, daß dir der Weg gezeigt wird. Bitte dein Höheres Selbst während des nächsten Monats, dir zu zeigen, wie eine erfolgreiche Beziehung aussieht. Sei offen. Die Informationen des Höheren Selbst können aus Büchern, aus dem Fernsehen, aus Zeitschriften und Zeitungen, aus Träumen, aus Inspirationen usw. herkommen.

30. Was willst du wirklich?

Dies ist ein guter Zeitpunkt, um zu untersuchen, was du wirklich vom Leben willst. Was willst du wirklich von deinen Beziehungen? Wahrscheinlich bist du im Verlauf der letzten dreißig Tage immer bereitwilliger geworden, in deinem Leben voranzuschreiten. Aber worauf willst du dich zubewegen? Wie soll sich dein Leben gestalten? Möchtest du, daß dein Leben hier mit diesem emotionalen Unglück endet? Deine einzige Aufgabe hier auf Erden besteht darin, wirklich glücklich zu sein. Der Rest besteht aus dem, was uns beim Tun glücklich macht. Alles andere ist das, was wir tun, um zu *beweisen*, daß wir gute Menschen sind. Denk darüber nach! Was ist es, was du deinen Freunden ständig über dein Leben erzählst.

Üblicherweise paßt das unter zwei Kategorien: Erstens, wie gut es ist! oder zweitens, wie schlecht/hart es ist! Es handelt sich um Geschichten, die wir seit Jahren erzählen. Diese Geschichten stellen üblicherweise eine kleine oder nicht so kleine Barriere zwischen uns und unsere Zuhörer, weil wir sie jeder Art von Zuhörerschaft zu erzählen pflegen. Wir berichten nicht, sondern wir erzählen unsere Geschichte. Gute Geschichten sind Kompensationen für innere schlechte Gefühle oder Schuldgefühle. Schlechte Geschichten besagen, wie rauh das Leben ist . . . bitte liebe mich (Geschichte des Opfers), oder wie hart das Leben ist, wie schwer beschäftigt man im Leben ist, aber ich habe es im Griff (Geschichte des Helden), oder wie verdorben andere Menschen sind, und ich bin natürlich so gut (Geschichte des Opfers). Alle diese Geschichten verbergen wiederum, wie wertlos wir uns innerlich fühlen, so daß wir uns selbst bestrafen oder die Schlechtigkeit durch harte Arbeit oder schlechte Gefühle kompensieren müssen.

Alle diese Geschichten sind Teil der Verschwörung gegen uns selbst. Wir benutzen sie, um zu verbergen, wer wir sind, und um unsere bedeutenderen Gaben zu verbergen. Nach Jahren therapeutischer Tätigkeit ist es mir in überwältigendem Maße klar geworden, daß die Tausende von Problemmustern reine Abwehrmechanismen gegen Liebe, gegen Freude, gegen Kreativität und gegen unsere Begabungen sind. Es mag für dich seltsam erscheinen, aber nach Jahren der Leitung langer Seminare von sieben, zehn, siebzehn und zweiundzwanzig Tagen kam es jedesmal wenigstens einmal vor, daß Übergehen des Selbst, Vermeidung des Glücklichseins und Verleugnung der eigenen Begabung sich als Schlüssel für die unterste Schicht der Dynamik des Problems erwies.

In letzter Zeit zeigte sich dieses Muster häufiger und schneller. Ich habe zum Beispiel jemanden vor mir, der sagt, wie wertlos er sich in Wahrheit fühlt, und er ist sehr überzeugend und aufrichtig, so daß mein Wunsch zu helfen einrastet und mein „Problemlöser" gerade dabei ist, anzufangen ihm beizustehen, als ich mich daran erinnere, daß Gefühle der Wertlosigkeit in Form von Schuldgefühlen, Gefühlen des Ausgenutztseins, Minderwertigkeitskomplexen und Gefühlen von Leblosigkeit lediglich verwendet werden, um etwas zu vermeiden. Schuldgefühle verbergen die Furcht vor dem nächsten Schritt. Das Gefühl der Leblosigkeit verbirgt die Fähigkeit zur Vision, zur Geburt, zur Kreativität und den Zugang zum Unterbewußtsein. Und das Gefühl der Wertlosigkeit verbirgt unsere Freude und unsere Begabungen. Wenn ich mich in Seminaren daran erinnere, erwähne ich gegenüber den Teilnehmern, *wie* sie ihre Gefühle der Wertlosigkeit als Entschuldigung benutzen als Teil ihrer Verschwörung gegen sich selbst, um ihre Begabung und ihre Angst vor dem Glücklichsein zu verbergen. Selbst wenn ihr bewußter Verstand keine Ahnung hat, worüber ich rede, können sie nicht umhin, ihr bestes Lächeln des Einverständnisses zu zeigen. Dieses ungewollte Lächeln ist ein Zeichen, daß ich auf der richtigen Fährte bin.

Meine Lieblingsgeschichte war lange Zeit, wie hart ich gearbeitet hatte (bin ich nicht der gute Junge?); wie zäh ich gewesen war, so daß ich meinen Weg gemacht hatte (ganz ein Held, nicht wahr?); wie fleißig ich gewesen war; in wie vielen Ländern ich gewesen war, um zu arbeiten, und wie ich über die normalen Grenzen des Ertragbaren hinausgegangen bin und nach neuen Entdeckungen gedrängt habe (ich bin ein rechtes As, nicht wahr?). All dies, harte Arbeit, Geschäftigkeit, Komplikationen und Schwierigkeiten waren lediglich eine Art und Weise, meine Gabe der Leichtigkeit zu verbergen. Alles andere, was nicht Leichtigkeit ist, war lediglich eine Kompensation, etwas, das ich zu beweisen versuchte, was in Wirklichkeit aber keines Beweises bedarf. Wir müssen eine Menge Energie aufwenden, um unsere Geschichte aufrechtzuerhalten. Die meisten unserer Geschichten sind nutzlose Kreuzzüge. Wir senden uns selbst aus, um etwas zu beweisen, an das wir selbst nicht recht glauben. Selbst die nützlichen Dinge, die wir tun, färben wir mit Schwierigkeiten, Geschäftigkeit und Zerstreuungen, die uns in den meisten Fällen unserer Freude berauben, einfach um uns irgendwie selbst zu bestätigen.

Wenn du beständig eine Geschichte darüber erzählst, wie du zum Opfer gemacht wurdest oder wie schlecht andere zu dir waren, verbirgt dies lediglich, wie wenig liebenswert, wie schuldig und wie sehr du dich innerlich als Opfer fühlst. Diese negativen Glaubenssätze und Gefühle sind tatsächlich nichts anderes als eine Kompensation dafür, wie unschuldig, liebenswert und freudevoll wir in Wirklichkeit sind. Wir verschwenden lediglich unser Leben, indem wir uns an der Wahrheit über uns selbst nicht erfreuen. Dies ist eine freudevolle Wahrheit, die ursprünglicher ist als die Illusionen von Schuldgefühlen, als Schwierigkeiten und das Gefühl der Wertlosigkeit, die wir in bezug auf uns selbst angehäuft haben.

Was willst du in deinem Leben erreichen? Du bist am Punkt der Geburt, am Ort eines neuen Anfangs. Du kannst wählen, auf eine völlig neue Art zu leben und von deiner gegenwärtigen Erfahrung aus einen Sprung nach vorne zu tun.

Übung

1. Schau dir an, was deine Geschichte verbirgt. Welches ist die Begabung, die du so gut unter deiner Verschwörung gegen dich selbst und hinter deiner Bedeutung versteckt hast? Denk daran, daß die Schwierigkeit oder das Problem, das du hast, dazu neigt, das Gegenteil der Begabung zu sein, um sie gut verkleidet zu belassen.

Wenn du nach langer Nachforschung noch immer keine Idee hast, dann bitte dein Höheres Selbst, dir genau und präzise auf verschiedene Weisen zu zeigen, was es ist, so daß selbst jemand wie du es herausfinden kann. (Das ist die Art, wie ich es tue.) Wenn du entdeckt hast, was das für eine Gabe ist, und schließlich die Entscheidung triffst, sie anzunehmen und zu verkörpern, wird es dann so sein, als ob du ein Engel wärst, der diese Gabe all denen, mit denen du in Kontakt kommst, bringt.

Vor kurzem arbeitete ich mit einem Freund, um seine Geschichte und die negativen Gefühle, die damit kompensiert werden sollten, aufzuarbeiten und kam dann zu der Begabung, die durch diese negativen Gefühle versteckt werden sollte. Als ich fragte, welches Geschenk er zu geben habe, welcher „Engel" er für diejenigen, mit denen er in Kontakt komme, sein würde, antwortete er: „Der Engel der Vergebung". Er sagte dies mit einem solch tiefen Gefühl und solcher Aufrichtigkeit, daß jeder im Raum es spürte. Wenn du deine Gabe auf einer solch tiefen Ebene erkennst, dann ist sie Teil deines Seins, und die Menschen profitieren davon durch deine einfache Gegenwart und durch die Gnade der Gabe, die du dir zu verkörpern erlaubst.

2. Wenn diese Gabe einmal in dein Bewußtsein gelangt ist, dann benutze sie, wenn du an deine Zukunft denkst. Nichts kann mit deinem Leben schieflaufen, wenn du deine Gabe anwendest. Erkenne, daß du keine neutralen Gedanken hast. Sie drehen sich entweder um Liebe und Erfolg oder um das Gegenteil.

Jedesmal wenn du einen Gedanken über die Vergangenheit oder die Zukunft hegst, der dich nicht glücklich macht, dann sieh oder fühle, wie deine Begabung zu diesem Gedanken oder dieser Situation hinzugefügt wird. Du wirst feststellen, daß alles besser läuft, wenn du diese Gabe einbeziehst. Du wirst über Menschen und Situationen besser denken, und so werden diese automatisch besser sein. Du wirst dich besser fühlen und mehr Vertrauen in das Leben haben.

Nachwort: Zufriedenheit erlangen

Zufriedenheit erlangen hängt mit Loslassen der Vorstellungen zusammen, wie das Leben zu sein hat. Denn deine Vorstellungen führen immer zur Enttäuschung. In der Regel lebt niemand jemals entsprechend deinen Erwartungen, denn Erwartungen sind Forderungen. Selbst wenn jemand auf die Weise, wie du es möchtest, lebt oder zu leben versucht, wird die Qualität oder das Gefühl, das du in dem Zusammenhang wünschst, niemals mit deiner Vorstellung oder deinem Bedürfnis übereinstimmen, weil es sich um eine Forderung handelt. Es sind diese Vorstellungen, Erwartungen und Forderungen, die Menschen in Unzufriedenheit und Enttäuschung stürzen, entweder, weil der Betreffende das bekam, was er erwartete und es nicht das gleiche war, was er sich vorgestellt hatte, oder weil er es bekam, es aber dann nicht genügend wertschätzen konnte und es somit wieder verlorenging.

Eine Phantasie, eine Vorstellung oder eine Erwartung, ob explizit oder nicht so explizit, macht unseren Partner zu einem Objekt, zu jemandem, der da zu sein hat, um unsere Bedürfnisse zu erfüllen. Da niemand diese Position einnehmen mag, entsteht die Tendenz zu gehen. Wenn du wirklich Zufriedenheit möchtest, mußt du Intimität, wirkliche Partnerschaft und die Fähigkeit zu empfangen finden. Intimität, Partnerschaft und Empfangen sind alles Dinge, die man lernen muß. Sie sind nicht etwas, mit dem du auf die Welt gekommen bist. Wenn die Dinge nicht funktionieren, wenn du Schmerzen leiden mußt, kannst *du* lernen, wie du die Sache berichtigen kannst. Du kannst außerdem lernen, wie du das, was in deiner Beziehung nicht funktioniert, abbaust und dann ganz entfernen kannst. Aber wenn du für deine Erfahrungen, deine Beziehungen und dein Erleben keine Verantwortung übernimmst, bist du dazu verdammt, Opfer zu sein oder den anderen aus Abwehr zum Opfer zu machen. Egal, wie viele Entschuldigungen du vorbringst, es läuft immer darauf hinaus, daß es sich um dein Leben und deine Verantwortung handelt. Als Kind ist unser Leben nicht bewußt unser eigenes. Während wir zu Erwachsenen heranwachsen, müssen wir die Leitung unseres Lebens übernehmen, wenn wir möchten, daß etwas daraus wird.

Stelle dir dein Leben wie ein Gemälde vor, wobei die Farbe von dir und von deinen Familienangehörigen aufgetragen wird, und dann schließlich wird das Gemälde zu deinem eigenen. Unabhängig, wie dunkel unsere Kindheit zu sein schien, wir können dennoch aus unserem Leben ein großartiges Gemälde machen. Eine schreckliche Kindheit kann dich zu einem Krüppel machen oder dich bedeutend machen. Es hängt davon ab, wofür du dich entscheidest, wie es sein wird. Das gleiche gilt für deinen Verlust, du kannst entscheiden, ob er dich zum Krüppel machen wird, oder du kannst entscheiden, daß er lediglich eine weitere Lektion auf dem Weg zum Loslassen, zu wahrer Liebe und zu einem glücklichen Leben ist. Deine Zufriedenheit hängt von dir ab; du kannst feststellen, was sich ihr in den Weg stellt und wie du das Hindernis verändern kannst. Jedes Loslassen befreit dich mehr von den Forderungen, die Zufriedenheit abtöten.

Wenn du immer noch das Gefühl hast, daß dein Prozeß des Loslassens noch nicht abgeschlossen ist, dann lege Kärtchen mit den Zahlen von 1 bis 30 in einen Hut und ziehe drei Kärtchen. Die entsprechenden Zahlen sind die Lektionen, die du wiederholen solltest, bis du das Gefühl hast, daß du sie gelernt hast.

Ein neuer Tag bricht an.
Sei da.
Er verspricht mehr Leben und mehr Liebe.
Laß sie ein.
Sie werden den ganzen Unterschied in deinem Leben ausmachen.
Sie werden den ganzen Unterschied in der Welt ausmachen.

„Der tiefere Grund für meine ganze Arbeit ist der Herzenswunsch, Psychologie allen Menschen in allen Schichten der Gesellschaft zugänglich zu machen. Durch eine klare und verständliche Sprache möchte ich die Prinzipien im Alltag anwendbar machen, damit Menschen in sich die Kraft und die Werkzeuge erkennen, sich selbst in jeder Situation und in jeder Beziehung zu wandeln."

Chuck Spezzano

Seminare mit Lency und Chuck Spezzano

Psychology of Vision-Seminare sind verdichtete Lebenserfahrung. Sie sind eine Gelegenheit, die vielen Facetten unserer Persönlichkeit zu erkunden und die praktischen Schritte zu erlernen, die uns von dort, wo wir jetzt sind, zum lebendige Ausdruck des vollen menschlichen Potentials führen. Jedes Seminar ist ein einzigartiges Erlebnis, eine Entdeckungsreise in die Welt des Bewußtsein.

An *Psychology of Vision*-Seminaren treffen sich Menschen jeden Alters, aus vielen Ländern, mit verschiedenstem beruflichen und persönlichem Hintergrund, alleinstehende Frauen und Männer (rund die Hälfte der Teilnehmer sind Männer), Paare, ja sogar ganze Familien. Was alle verbindet, ist die Bereitschaft, sich für Veränderungen zu öffnen, um mehr Lebendigkeit, mehr Erfolg, liebevollere Beziehungen in ihrem Leben zu verwirklichen.

Als Team und Ehepaar verbinden sich in Chuck und Lency Spezzano zwei außergewöhnliche Persönlichkeiten zu einer Intensität, die tiefgreifende Veränderungen in den Menschen auszulösen vermag, und zwar auf allen Ebenen menschlichen Seins: spirituell, psychisch-emotionell, körperlich.

Kontaktadresse für die Seminare:

Psychology of Vision

Deutschland, Schweiz und Österreich
Kobbachstr. 12 · D-60433 Frankfurt am Main

Tel.: ++49 (0) 69 - 53 09 - 59 40
Fax: ++49 (0) 69 - 53 09 - 59 42
e-mail: psy@frankfurter-ring.de

Lebensprinzipien aus dem Buch

„Wenn es verletzt, ist es keine Liebe"

von Chuck Spezzano

Zwischenmenschliche Nähe vermag alles zu heilen.

Jedes Verhalten, das nicht Liebe zum Ausdruck bringt, ist ein Schrei nach Liebe.

Der andere, zu dem eine Beziehung besteht, gehört zu dir, zu deiner Mannschaft.

Verbindende Nähe neu zu erschaffen, bedeutet Liebe, Vergebung und Glückseligkeit.

In jedem Konflikt arbeiten die Beteiligten gegeneinander, fühlen aber ein und dasselbe.

Es ist nicht die Wahrheit, wenn nicht beide Seiten Erfolg haben.

Deine Beziehung ist der schnellste Weg zu Wachstum und Entwicklung.

Um eine Auseinandersetzung beizulegen, verändere sie in deinem Inneren.

Je länger du dich festklammerst, um so mehr verlierst du.

Die meisten negativen Empfindungen haben nichts mit der Gegenwart zu tun.

Dein Glücklichsein ist das schönste Geschenk, das du der Welt machen kannst.

Liebe hält die Zeit an und läßt die Ewigkeit beginnen.

Zu lieben heißt, alles zu geben und sich an nichts zu klammern.

Mit uns selbst ehrlich umzugehen heißt, auch mit anderen kein falsches Spiel treiben zu können.

Die größte Kunst liegt darin, du selbst zu sein.

Deine Beziehung wird sich ändern, wenn du dich änderst.

Das Ausmaß deiner Offenheit bestimmt das Maß, in dem du inspirierend auf andere wirkst.

Du bist verantwortlich für deine eigenen Gefühle.

Wenn du das Beste von deiner Beziehung willst, gib der Beziehung dein Bestes.

Das Glücksgefühl, das aus dem Inneren kommt, kann nicht verlorengehen.

Es ist unmöglich, im gegenwärtigen Augenblick Furcht zu empfinden.

Mit Vertrauen läßt sich altes Herzeleid beheben.

Jede Beziehung spiegelt dir, wie du mit dir selbst umgehst.

Eine erstarrte Beziehung kann durch Geben geheilt werden.

Vergib, wenn du ein Bedürfnis erfüllt haben möchtest.

Wir befinden uns immer an der geeignetsten Stelle, um die Lektion zu lernen, die wir am nötigsten lernen müssen.

Dein Verhältnis zum Glück entspricht in Wahrheit deinem Verhältnis zu dir selbst.

Liebe begegnet dir überall und zu jeder Zeit.

Wenn du dich nicht dort annimmst, wo du gerade bist, kannst du nicht weiterkommen.

Was immer an Fülle und Reichtum du dir zu empfangen erlaubst, damit beschenkst du auch deinen Partner.

Gott spricht zu uns durch andere: „Wenn du mich in dieser Gestalt lieben kannst, dann kannst du den Weg zum Himmel gehen“.

Weitere Bücher aus dem Verlag Via Nova:

Wenn es verletzt, ist es keine Liebe

Chuck Spezzano

416 Seiten, gebunden – ISBN 3-928632-20-5 – **4. Auflage**

Dieses Buch verändert Ihr Leben. Ein Wissender zeigt den Weg, wie Sie ein Leben führen können, das erfüllt ist von Liebe und Verstehen, von Freude und Glück. Sie erfahren in 366 Kapiteln wichtige Lebensgrundsätze, die Ihre zwischenmenschlichen Beziehungen auf eine höhere Ebene heben.
Die Weisheit der Liebe, die der Verfasser in jahrzehntelanger Forschungsarbeit als Psychotherapeut, als weltweit bekannter Seminarleiter, als visionärer Lebenslehrer entdeckt und in klare Weisungen umgesetzt hat, verwandelt Sie und berührt Ihr wahres Wesen, das Liebe ist.
Durch die angebotenen Übungen, die das theoretisch Erkannte auch in den praktischen Alltag umsetzen, wird das Buch zu einem Wegbegleiter und Ratgeber in bedrängenden Beziehungsnöten. Wenn Sie Schritt für Schritt in die wichtigsten Grundprinzipien der Liebe eingeführt werden, reifen Sie in Ihrer Selbsterkenntnis, können Ihre Beziehungen in Partnerschaft und Freundschaft neu ordnen, vertiefen und intensivieren. Sie können die Ursachen für Ihre Schwierigkeiten in der Liebe erkennen, Blockaden auflösen und seelische Wunden heilen lassen.

Harmonische Beziehungen – ein Weg

Chuck Spezzano

128 Seiten, gebunden – ISBN 3-928632-22-1

In diesem Buch geht es nicht nur darum, die Grundgesetze für den richtigen, liebevollen Umgang mit dem Mitmenschen zu erlernen, sondern diese Prinzipien als verwandelnde Kräfte für eine neue von der Liebe und vom Verstehen geprägte Lebensweise zu erfahren. Sie lehren die Beziehungen zu jedermann auf eine höhere Ebene der Liebe zu heben, so daß sie von größerer Intensität, tieferen Gefühlen und beglückenderer Nähe bestimmt werden.
Es wird jedem Leser bewußt, daß die Wurzel aller Probleme Beziehungsprobleme sind. Das Buch bietet Wege an, sie zu erkennen, auch in ihren unterbewußten Ursachen, und sie zu heilen. Ein ausführliches 30-Tage-Übungsprogramm gibt Weisung und vermittelt konkrete Hilfe.
Die Entdeckung, daß der Mensch selbst die Lösung in den Händen hält, wird den Leser völlig verändern. Er beginnt einen Weg, der ihn in die Freiheit und Selbstbestimmung führt und zugleich das Leben des Mitmenschen mit Liebe und Verstehen erfüllt.

Gib den Weg frei für die Liebe

Lency Spezzano

168 Seiten, gebunden – ISBN 3-928632-19-1

Ist es Ihr Herzenswunsch, die Zärtlichkeit, die Schönheit und die Faszination einer großen Liebe zu erfahren? Ist Ihnen die natürliche Fähigkeit verlorengegangen, Gefühle wirklich zu empfinden und Vertrautheit zu erleben? Wenn dies zutrifft, ist dieses Buch eine Antwort auf Ihren Hilferuf! Es ist ein Erlebnis, das Ihr Herz bewegen wird und Sie in einer Weise berühren wird, wie Sie es vorher nur selten erfahren haben.
Daß wir alle eine unauslöschliche Sehnsucht nach der Einheit der Liebe haben, beschreibt Lency Spezzano in spannenden und innerlich berührenden Erlebnissen, die aus ihrer eigenen lebendigen Lebenserfahrung und ihren ans Wunder grenzenden Heilerfolgen, ihrer Therapie- und Beratertätigkeit entstanden sind. In der tiefgreifenden Seelenanalyse des menschlichen Wesens durchbricht die Verfasserin die Masken und Rollen, die sich der Mensch als vermeintlichen Selbstschutz angelegt hat.

Karten der Erkenntnis

auf dem Weg nach innen

Das Buch der Erkenntnis

Chuck Spezzano

48 künstlerisch gestaltete Karten, Buch: 144 Seiten, **2. Auflage**,
ISBN 3-928632-32-9

Wollen Sie mehr Selbsterkenntnis gewinnen, persönliche Ziele und verborgene Wünsche erkennen, die Beziehungen im Privat- und Berufsleben verbessern, Ursachen für Probleme herausfinden und auflösen, Hindernisse auf dem Weg nach innen beseitigen? Dann sind die Karten der Erkenntnis und deren Erklärung eine große Hilfe. Sie sind einfach zu benutzen, hilfreich und inspirierend. Ganz gleich, ob Sie „sofortige Antworten" auf alltägliche Fragen oder langfristige Lösungen für die großen Herausforderungen des Lebens suchen, es wird Ihnen und Ihren Freunden helfen, positive Entscheidungen zu fällen und Veränderungen für eine bessere Zukunft herbeizuführen. Im beiliegenden Buch der Erkenntnis findet der Leser den Schlüssel zum Verständnis und zur Verwendung der Erkenntnis-Karten. Chuck Spezzano erläutert im einzelnen die Bedeutung aller 48 Karten und erklärt eine Vielzahl von Möglichkeiten, mit ihnen zu arbeiten und sie zu deuten. Außerdem werden über zehn verschiedene Legesysteme beschrieben.

Aura-Soma-Farb-Lexikon

Praxisbuch für Lichtarbeitende

Elsbeth Devi Maurer

392 Seiten, geb., 21 farbige Seiten, 1 Plakat
ISBN 3-928632-46-9

Das **„Farblexikon"** verbindet auf einzigartige Weise das ganzheitliche Wissen über die Farben mit dem Tarot, den Chakras, dem I Ging und der Numerologie. Es ermöglicht den schnellen Zugriff zu den geeignetsten Aura-Soma-Equilibriumflaschen, Pomander und Quintessenzen. Über 20 übersichtliche Tabellen für viele wichtige Lebensbereiche und für die Heilung von Krankheiten mit entsprechenden Affirmationen ergänzen jedes andere Aura-Soma-Buch.

Das **„Praxisbuch"** mit den Selbstanalysen „Chakra Body" und „Partnerschaft" vermittelt einen einzigartigen und wirkungsvollen Weg, negative Muster und Blockaden zu erkennen und aufzulösen. *„Das Lexikon ist die Antwort auf unzählige Fragen – es bringt Licht in das komplexe Soma-System."* Mike Booth)

Transpersonale Psychologie und Psychotherapie

112 Seiten, zwei Ausgaben: Frühjahr und Herbst

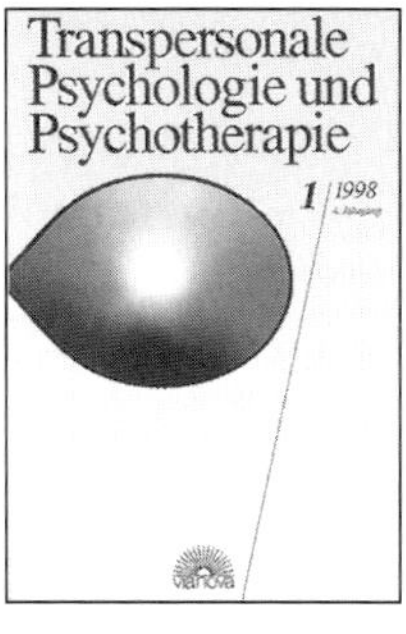

Transpersonale Psychologie und Psychotherapie ist eine unabhängige Zeitschrift, schulen-, kultur- und religionsübergreifend, verbindet das Wissen spiritueller Wege und der Philosophia perennis mit moderner Psychologie und Psychotherapie, leistet Beiträge zur wissenschaftlichen Fundierung des Transpersonalen.

Transpersonale Psychologie und Psychotherapie ist eine Zeitschrift, die sich an Fachleute und Laien wendet mit einem Interesse an transpersonalen Themen. Aus einem schulen-, kultur- und religionsübergreifenden Verständnis heraus bietet sie ein Forum der Verbindung von Psychologie und sychotherapie und deren theoretischen Grundlagen mit spirituellen und transpersonalen Phänomenen, Erfahrungen und Wegen, Welt- und Menschenbildern. Sie dient dem Dialog der verschiedenen Richtungen, fördert integrative Bemühungen und leistet Beiträge zur Forschung und Theoriebildung. Sie bietet Überblick, Orientierung und ein Diskussionsforum auf wissenschaftlichem Niveau.

Spirituelle Erziehung

Hilfreiche Ratschläge – Praktische Weisheit

Lee Lozowick

312 Seiten, gebunden – ISBN 3-928632-51-5

Praktischer Ratgeber für Eltern und Erzieher, die im Umgang mit Kindern ein größeres Maß an Bewußtheit, Freundlichkeit und Mitgefühl sowie mehr Ehrlichkeit im Verhältnis zu sich selbst in die Erziehung einbringen wollen. Das Buch will Eltern in ihrer wichtigen Erziehungsarbeit helfen und Kindern einen optimalen Start verschaffen.
Dieses Buch richtet sich an all jene, die für die Erziehung Weisung aus einer höheren Ebene empfangen wollen. Spirituelle und bewußte Erziehung könnte man zusammenfassen: Liebe und Zuneigung entwickeln, lebensbejahende Grenzen für unsere Kinder aufzeigen und Ehrlichkeit uns selbst und unseren Kindern gegenüber aufbringen.
Hauptelement jeder Kindererziehung ist das Vorbild der Eltern. Da wir unseren Kindern nicht geben können, was wir selbst nicht besitzen, fordert der Autor Eltern und Erzieher dazu auf, die das eigene Leben beherrschende Ichbezogenheit, Ignoranz und mangelnde Bewußtheit genau unter die Lupe zu nehmen, weil sie das Glück und Wohlbefinden unserer Kinder gefährden.

Die Vision des göttlichen Menschen

Barbara Schenkbier

424 Seiten, gebunden, 21 ganzseitige Bilder, Zweifarbendruck,
ISBN 3-928632-18-3

Das Buch ist geschrieben für alle Menschen, die eine Ahnung und eine große Sehnsucht nach einem Leben haben, das von Liebe, Frieden, Freude und Freiheit erfüllt ist; für diejenigen, die schon wach geworden sind für ein spirituelles Leben und noch Mittel und Wege suchen, ihre Träume zu verwirklichen; für alle, die einen geistigen Weg beschreiten, daß sie ihn besser verstehen, ihn bewußter, mutiger und konsequenter weitergehen.
Dieses Buch eröffnet den Blick in eine Zukunft, die die evolutive Schöpferkraft selbst schaffen wird. Es spiegelt die inspirativ aufgenommenen Lichtschwingungen aus der geistig-göttlichen Welt wider. Es ist aus der Verbindung mit dem göttlichen Geist und der eigenen, spirituellen Erfahrung der Autorin heraus geschrieben. Es berührt in seiner poetischen Sprache das Herz und verwandelt das Bewußtsein.
Es weckt Vertrauen und Glauben, daß gerade in der heutigen Zeit des Umbruchs und der Neuorientierung der Geist Gottes sich als verwandelnde Kraft zum Ausdruck bringt.

Die verborgene Blüte

Über die psychologischen Hintergründe der Spiritualität

Han F. de Wit

288 Seiten, gebunden
ISBN 3-928632-42-6

Warum strahlen manche Menschen Lebensfreude aus, andere aber Lebensangst? Warum wachsen die einen an ihren Leiden, während andere an ihnen zerbrechen? Wie kann ich ein glücklicher Mensch werden, zu mir selbst finden? Welche Hilfen bietet die Psychologie? Die Antworten darauf stehen im Zentrum der *kontemplati en Psychologie.* Sie beziehen sich auf eine verborgene Blüte, die sich tief im Kern unseres Wesens entfaltet. Ihre Früchte – Lebensmut, Lebensfreude, Erbarmen und Klarheit des Geistes - sind in diesem Buch gegenwärtig mit all unserem Handeln, im Umgang mit uns selbst.

Deine persönliche Friedensformel für ein neues Jahrtausend

Mansukh Patel

Broschur, ca. 160 Seiten, 2 Graphiken, 32 Fotos – ISBN 3-928632-55-8

Es wird Augenblicke geben, in denen der Mensch eine Gelegenheit erhält, den Verlauf seines Lebens zu ändern, einen Sprung nach vorne zu tun. Während des letzten halben Jahrhunderts hat die Welt so viele Veränderungen und Krisen erlebt, daß es sehr klar geworden ist, daß wir an einem Punkt angelangt sind, wo sich etwas ändern muß. Wenn wir uns als menschliche Wesen entwickeln und entfalten wollen, haben wir keine Wahl. Es muß eine Revolution geben – eine innere Revolution. Nur durch eine innere Transformation unserer selbst werden wir in der Lage sein, Veränderungen in der Welt zu bewirken.
Dieses Buch bietet faszinierende neue Möglichkeiten, die jedermann helfen, diese höchsten Träume und Potentiale zu verwirklichen. Es liefert einen einfachen Sieben-Punkte-Plan, um harmonische Beziehungen zu sich selbst und zu anderen aufzubauen, damit eine Welt des Friedens entsteht.

Psychologie

Eine umfassende Darstellung aus ganzheitlicher Sicht

Grundlagen – Persönlichkeit – Bedürfnisse – Entwicklung – Band 1

Stefan Schmitz

Paperback, 240 Seiten – ISBN 3-928632-56-6

„Psychologie“, eine umfassende Darstellung aus ganzheitlicher Sicht, ist ein auf drei Bände angelegtes Werk. Es gibt eine allgemeinverständliche Einführung in das Grundwissen von Tiefenpsychologie, Körpertherapie und Spiritualität. Dieses Wissen wird aus einer umfassenden Perspektive dargestellt, die alle wichtigen Schulen der Psychotherapie übergreift.
Band 1 erläutert die Grundlagen des menschlichen Seelenlebenes, das Wechselgeschehen zwischen Psyche und Körper, die Funktionsweise der Archetypen, den Aufbau der Persönlichkeit, die Vielfalt der menschlichen Bedürfnisse und die Entwicklung des Menschen in Kindheit und Jugend. Außerdem handelt dieser Band von der Sozialisation des Menschen, von den unterschiedlichen Arten des Lernens, von der Trotzmacht des Geistes und nicht zuletzt von der inneren Ausrichtung des Menschen auf Selbstverwirklichung und Identitätsfindung.

Suche nach der Wahrheit

Wege – Hoffnungen – Lösungen

Willigis Jäger

232 Seiten, Broschur – ISBN 3-928632-41-8 – **2. Auflage**

Spirituelle Weisungen aus der Sicht des Mystikers

Wer bin ich? Woher komme ich? Warum bin ich? Welcher Weg führt zur Wahrheit? Welches Leben eröffnet Sinn? Nur in der Tiefe unseres Seins gibt es eine wahre Antwort auf diese bohrenden Fragen. Um sich dieser Wahrheit zu nähern, wurde dieses Buch geschrieben. Der Verfasser begleitet den Leser auf der Suche nach der Wahrheit. Alle wichtigen Themen des spirituellen Lebens werden behandelt und zur christlichen Mystik, zu den Erkenntnissen der Naturwissenschaften und der Transpersonalen Psychologie in Bezug gesetzt. Ein spiritueller Meister unserer Zeit hat den Mut, grundlegende Glaubensinhalte des Christentums aus der Sicht des Mystikers neu zu interpretieren. Er will die Erkenntnis vermitteln, daß allein die religiöse Erfahrung zu den Quellen der Religion führen und so mithelfen kann, daß das kommende „Jahrhundert der Metaphysik“ für alle Religionen eine Zeit der Regenation wird.